시와 상징, 치유의 바다

김명래

시와 상징, 치유의 바다

초판 1쇄 인쇄 · 2025년 12월 10일
초판 1쇄 발행 · 2025년 12월 15일

지은이 · 김명래
펴낸이 · 한봉숙
펴낸곳 · 푸른사상사

편집 · 지순이 | 교정 · 김수란 | 마케팅 · 김두천
등록 · 1999년 7월 8일 제2-2876호
주소 · 경기도 파주시 회동길 337-16 푸른사상사
전화 · 031) 955-9111(2) | 팩스 · 031) 955-9114
이메일 · prun21c@hanmail.net
홈페이지 · http://www.prun21c.com

ⓒ 김명래, 2025

ISBN 979-11-308-2342-3 03940
값 22,000원

저자와 합의하여 인지는 생략합니다.
이 도서의 전부 또는 일부 내용을 재사용하려면 사전에 저작권자와 푸른사상사의 서면에 의한 동의를 받아야 합니다.
이 도서의 표지 및 본문 레이아웃 디자인에 대한 권한은 푸른사상사에 있습니다.

이 책은 강원특별자치시, 강원문화재단의 '2025 전문예술인입문지원사업'으로 지원 받아 발간되었습니다.

교양선 26

시와 상징, 치유의 바다

김명래 지음

푸른사상
PRUNSASANG

책머리에

감정의 비선형을 건너 말의 편에 서기까지

나는 오래도록 나 자신에게 인사를 건네지 못한 사람이었다.

타인의 말에 귀 기울이는 일에는 익숙했으나, 정작 나의 말을 듣는 일에는 서툴렀다.

감정은 목울대에서 되돌아가고, 기억은 혀끝에서 부서졌다.

그 무수한 되돌아감과 부서짐 속에서 시가 나를 불러냈다.

그때부터 종이 위에 스스로를 앉히는 법을 배웠다.

걷고 쓰는 시간이 모여, 마침내 나를 살리는 시간이 되었다.

이 책은 나에게 건네는 늦은 인사의 기록이다.

상처를 과시하려는 기록이 아니다.

언어는 빛을 품어 감정에 무늬를 입힌다.

억압 · 상징화 · 전이 · 통합이라는 옷을 갈아입으며 언어는 감정을 품고 또 유희한다.

감정은 결코 직선으로 흐르지 않는다. 넘어지고, 돌아나가고, 이미 지나온 길에서 고통이 불현듯 되살아나기도 한다.

그러나 이 비선형성이야말로 삶의 진실에 가깝다.

치유란 잊는 일이 아니라, 다시 말하는 일이다.
융이 말한 개성화의 길에서 감정은 직선으로 흐르지 않는다.
억압은 상징화를 거슬러 돌아오고, 통합의 언덕을 넘었다고 생각하는 순간 전이가 다시 발을 붙든다.
나는 곧게 가는 법을 배우지 못했다. 대신 휘어지는 법, 머무는 법, 다시 말하는 법을 배웠다.
상처는 사라지지 않는다. 그러나 언어는 방향을 바꾼다.

그 배움의 기록을 네 개의 층위로 정리했다.
구성은 연구와 시, 자기 성찰의 기록을 함께 묶은 복합적 구조를 지닌다. 연구는 이론적 뼈대를 세우고, 시는 감정의 살과 숨결을 더한다. 학문과 시가 교차하는 자리에서 치유와 자기 이해의 가능성을 탐색했다.
1부는 시 쓰기를 통한 자기 표현과 치유 과정을 분석심리학과 인문치료의 관점에서 다룬 연구이다.
2부는 논문과 함께 발표된 시 16편을 담았다. 학문이 놓친 여백을 시가 메우고, 시가 남긴 여운을 학문이 보완한다.
3부는 길 위에서 쓰여진 시 24 편으로 억압기의 고요, 상징화의 빛, 전이와 통합의 경계에서 태어난 시편들이다.
4부는 1부의 연구를 영어로 옮긴 글로, 『*Journal of Humanities Therapy*』에 게재된 논문이다.

이 네 개의 부는 서로를 비추며, 연구와 시, 경험과 개념이 교차하는 자리가 된다.

독자는 어느 쪽에서든 시작할 수 있다. 중요한 것은 왕복하는 읽기, 그리고 그 속도 속에서 자기만의 감정 언어를 만나는 일이다.

여기 담긴 글들은 완결된 치유의 서사를 약속하지 않는다.

대신 나는 이렇게 배웠다.

상처를 드러내되 타인을 해치지 않는 말, 자신을 지시하되 타인의 자리를 침범하지 않는 말.

오늘의 통합이 내일의 억압으로 돌아갈 수도 있다. 그때 필요한 것은 좌절이 아니라, 다시 말하기다.

그림자와 얼룩, 두 겹의 어둠이 대화가 되는 순간, 이 책은 시작되고 끝을 맺는다.

무엇보다, 지나온 시간의 나에게 이제 분명히 말한다.

우리는 돌아갈 수는 없지만, 다시 말할 수 있다.

감정은 사라지지 않지만, 언어는 언제나 방향을 바꿀 수 있다.

2025년 12월

김명래

차례

책머리에 감정의 비선형을 건너 말의 편에 서기까지   5

제1부 시 쓰기를 통한 자기 표현 확장과 자기 치유 사례 연구

I. 서론   15

II. 인문치료와 시 쓰기   18
  1. 인문치료   18
  2. 시 쓰기의 치유적 효용   21

III. 시 쓰기를 통한 치유 : 자기 사례 분석   24
  1. 시 쓰기를 통한 자기 표현   24
  2. 인문치료학 입문 이전의 시   27
  3. 인문치료학 입문 이후의 시   37

IV. 결론   57
  참고문헌   61

제2부 감정의 언어를 찾아서

잿빛 날개	65
침묵의 말	66
기억	67
행간의 숲	68
문패	70
지느러미에게	72
귀뚜라미	74
색을 밀어내다	76
샛강	77
문장의 지도를 찾다	78
날아오르다	80
안목항에서 카푸치노를 1	82
안목항에서 카푸치노를 2	83
안반데기에서, 별을 노래하다	84
경포호	86
신복사지 삼층석탑	88

제3부 치유의 언어들

만남	94
갈대	96
길	98
생의 노래 · 방충망, 이슬 품어내다	100
우물	102
구두	104
길	106
길	108
길	112
생의 반려	114
민족	116
가을 엽서	118
빈 그릇	120
어머니에게 보내는 편지	122
박물관	128
신륵사에서	130
윤삼월	132
꿈	134
별	136
고향산천	138
책상	140

제4부 A Case Study on the Expansion of Self-Expression and Self-Healing through Poetry Writing

I. Introduction   147

II. Humanities Therapy and Poetry Writing   151
    1. Humanities Therapy   151
    2. The Healing Efficacy of Poetry Writing   154

III. Healing through Poetry Writing:
    A Self-Analytical Case Study   159
    1. Self-Expression through Poetry Writing   159
    2. Poetry Before Entering Humanities Therapy   162
    3. Poetry Written After Entering the Field of Humanities Therapy   172

IV. Conclusion   195
    References   199

제1부

시 쓰기를 통한 자기 표현 확장과 자기 치유 사례 연구

본 논문은 『Journal of Humanities Therapy』 제16권 제1호(2025)에 실린 저자의 논문을 수정·보완하여 수록한 것이다.

시 쓰기를 통한 자기 표현 확장과 자기 치유 사례 연구

I. 서론

인간은 삶을 살아가면서 다양한 감정과 기억을 내면에 축적하게 된다. 이러한 감정과 기억은 종종 무의식 속에 잠재되어 있으며, 이로 인해 충격적인 경험이나 해소되지 않은 상처가 심리적 불안과 고립을 초래할 수 있다.

융(Carl Gustav Jung)은 인간의 심리 구조를 자아(ego), 개인무의식(personal unconscious), 집단무의식(collective unconscious)으로 구분하고, 무의식의 내용은 꿈, 상징, 예술적 표현을 통해 의식화될 수 있다고 보았다.[1] 그는 이 과정을 '개성화(individuation)'[2]라고 명명했으며, 무의식의 내용

---

1 칼 구스타브 융(Carl Gustav Jung), 『인간과 무의식의 상징』, 이부영 역, 서울:집문당, 1953/1984, 163~237쪽.
2 위의 책, 163~237쪽.

을 의식화하고 통합하는 과정을 통해 자아가 온전하게 성장한다고 설명했다.[3] 이때 시 쓰기는 개성화 과정을 촉진하는 예술적 표현이자,[4] 내면의 상처를 상징적 언어로 재구성하여 심리적 치유를 가능하게 하는 중요한 방법이다.[5] 시 쓰기는 무의식의 감정과 이미지를 상징적으로 표현하여 내면의 복잡성과 모순을 의식화하는 중요한 통로로 작용한다.[6] 융의 분석심리학 이론에 따르면, 창작자가 떠올리는 감정이나 이미지는 단순히 개인적 체험에 그치지 않고 집단무의식의 원형(archetype)과 연결될 수 있다.[7] 이는 시 창작이 개인적 치유를 넘어 보편적 인간 경험에 대한 통찰을 제공할 수 있음을 시사한다.

인문치료는 언어 예술을 활용하여 정서 환기와 자기 인식을 유도하는 통합적 치유 접근이다.[8] 특히 시 창작은 상징성과 함축성, 감정이입을 촉진하는 표현 방식을 통해, 억눌린 감정을 안전하게 표출하

---

3 칼 G. 융 · 캘빈 S. 홀, 『융의 심리학 해설』, 이현성 역, 서울 : 스마트북, 2015, 130~134쪽.
4 권성훈, 『시치료의 이론과 실제』, 시그마프레스, 2011, 19쪽.
5 니콜라스 마짜(Nicholas Mazza), 『시치료 : 이론과실제』(제2판), 김현희 외 역, 학지사, 2005, 64~67쪽.
6 권성훈, 앞의 책, 20~21쪽.
7 이부영, 『그림자-우리 마음 속의 어두운 판타지』, 서울 : 한길사, 2002, 126~128쪽.
8 강원대학교 인문과학연구소, 『인문치료의 이론과 원리』, 도서출판 산책, 2011, 22~24쪽.

고 언어화하는 과정을 가능하게 한다.[9]

이러한 과정은 감정의 흐름을 자연스럽게 회복시키고, 자아 감각을 강화하는 데 기여한다. 억압된 감정을 외화하고 의미화하는 과정은 단순한 감정의 표출을 넘어서, 사회적 맥락 속에서 감정을 재구성할 수 있는 힘을 제공한다. 시 창작을 통해 창작자는 자신의 삶을 이야기하는 주체로 인식하게 되며, 그 결과 아픔을 다른 시각에서 풀어내고 회복 과정을 거치게 된다.[10]

본 연구는 융의 분석심리학, 인문치료 이론, 그리고 시치료 이론을 이론적 토대로 삼아, 시 쓰기의 치유적 기능을 고찰한다. 특히 무의식의 감정과 기억을 상징적으로 언어화하는 과정을 중심으로, 시 쓰기가 자아 통합, 자기 이해, 정체성 회복에 미치는 영향을 분석하고자 한다.[11]

이 연구는 자기분석 사례 연구로서, 본 연구자가 인문치료학의 학문적 탐색과 시 쓰기를 통한 자기 성찰을 경험하면서, 시 창작이 내면의 깨달음과 치유에 미치는 과정에 대한 분석이다. 본 연구자는 오랜 시간 가정 내에 머무르며 사회적 관계로부터 소외된 상태에 있었으나, 시 쓰기는 외부 세계와의 접촉을 가능하게 했으며 다양한 문학 모임에의 참여로 이어졌다. 이러한 경험은 시 쓰기 활동이 단

---

9 서경숙, 『분석심리학에 기초한 시치료의 이론과 실제』, 파주 : 한들출판사, 2012, 51쪽.
10 위의 책, 20~21쪽.
11 권성훈, 앞의 책, 44~47쪽.

순한 창작 행위를 넘어서 자아 성장, 정체성 회복, 심리적 안정, 사회적 통합으로 나아가는 치유적 매개체로 작용할 수 있음을 실증적으로 보여준다. 이를 위해 인문학적 치유 접근과 문학 기반 심리치료 연구들을 통합적으로 검토하며, 시 쓰기를 통한 자기 표현과 치유의 과정을 이론적 관점에서 조명한다.

본 연구의 목적은 시 쓰기를 통해 무의식 속 감정과 기억을 의식화하고, 그 과정을 통해 자아를 통합하며 실존적 회복에 이르게 되는 심리적 구조를 탐구하는 것이다. 또한, 시 창작이 정서적 해방, 자기 효능감 회복, 사회적 연대와 참여로 이어지는 인문치료적 실천이 될 수 있음을 이론적으로 고찰하고자 한다.

II. 인문치료와 시 쓰기

1. 인문치료

인문치료는 인문학의 통합적 접근을 바탕으로, 내면의 고통을 성찰하고 정서적 회복을 이끄는 학제적 치유 활동이다.[12] 그 목적은 정서적·정신적 위기에 처한 개인이나 집단이 자아 통찰과 인식의 변

---

12 강원대학교 인문과학연구소, 『인문치료』, 강원대학교 출판부, 2009, 20쪽.

화를 통해 정서적 균형을 회복하도록 돕는 데 초점을 둔다.[13]

  이처럼 인문치료는 인문학의 치유적 전통에 뿌리를 둔다. 인문학은 인간이 삶을 살아가며 마주하는 가치, 정체성, 문화적 의미를 탐구하는 학문이다. 이는 철학, 문학, 역사, 예술, 종교, 언어 등 인간의 창조적 활동 전반을 포함하며, 고대 인류는 신화와 서사, 시와 노래 등을 통해 세상과 자신을 이해하고 표현해 왔다.[14]

  언어는 우리가 내면의 세계를 표현할 수 있는 중요한 도구이며,[15] 이러한 언어적 활동은 단순한 감정 표출에 그치지 않고, 공동체적 소통과 삶의 통찰을 가능하게 하는 치유적 도구로 기능해 왔다. 여기서 발전한 개념이 바로 '인문치료'이다. 인문치료는 인간 내면의 고통과 상처를 성찰하고 치유하는 것을 목표로 한다. 이를 통해 인간을 전체적이고 통합적으로 이해하려는 시도가 이루어진다.[16]

  인간은 단순한 심리적 존재에 그치지 않는다. 인간은 사회적, 관계적, 문화적 맥락 속에서 살아가는 복합적인 존재다. 이로 인해 인문치료는 인간 중심적 관점에서 고통을 해석하며, 전인적 이해를 통해 회복과 전환의 가능성을 모색하게 된다. 인문치료는 이처럼 인간과 삶에 대한 이해에서 출발한다.[17]

---

13 위의 책, 20~22쪽.
14 강원대학교 인문과학연구소, 『인문치료의 이론과 원리』, 11~13쪽.
15 이민용, 『스토리텔링 치료』, 학지사, 2017, 31~33쪽.
16 강원대학교 인문과학연구소, 『인문치료의 이론과 원리』, 11~15쪽.
17 위의 책, 109~110쪽.

인문치료의 기원은 고대에서 찾을 수 있다. 선사시대 주술사들의 이야기와 노래, 고대 철학자들의 대화와 사유는 정신적 치유의 한 형태였다. 그리고 현대에 이르러, 미술, 음악, 신체, 놀이 등 다양한 예술적 매체가 심리치료의 도구로 활용되고 있다. 그럼에도 불구하고 문학은 여전히 가장 오래되고 강력한 치유 수단으로 주목받고 있다.[18]

문학은 인간 존재의 본질과 내면의 갈등을 언어로 담아내는 예술이다. 특히 시는 상징성과 응축된 언어 구조를 통해 감정과 기억을 예술적으로 치환할 수 있다. 시는 개인의 고통, 상처, 혼란, 희망 등을 상징과 이미지, 운율과 리듬을 통해 표현함으로써 정서적 해소와 자기 이해를 촉진하는 중요한 언어적 도구로 작용한다.[19]

현대 사회는 기술의 발전과 물질적 풍요 속에서도 인간의 정서적 고립과 상실을 더욱 부각시키는 경향이 있다. 이처럼 불안정한 시대적 흐름 속에서, 시는 감정을 상징화하고 삶의 의미를 성찰하는 데 기여하는 언어 예술로서 그 치유적 가치를 유지하고 있다.

---

[18] 강원대학교 인문과학연구소,『인문치료의 이해』, 한국문화사, 2017, 11~15쪽.
[19] 유건상,『인문치료와 시 : 시가 마음을 치유하다』, 도서출판 산책, 2017, 14~30쪽.

2. 시 쓰기의 치유적 효용

시치료(poetry therapy)는 시의 언어적 · 상징적 특성을 활용하여 감정을 표현하고 자아를 탐색하며, 심리적 회복과 통합을 촉진하는 문학 기반 예술치료의 한 방식이다. Mazza(2005)는 시치료를 "언어와 상징을 활용한 감정 표현과 인지적 재구성의 통합 과정"으로 정의하며, 시의 정서성, 상징성, 응축성이 감정 탐색과 내면 통합에 효과적이라고 설명한다.[20] 그는 시가 단순한 표현 수단이 아니라, 억눌린 감정을 안전하게 외화하고, 삶의 서사를 재구성하여 자아를 통합하는 치유적 실천이 될 수 있음을 강조한다.[21]

Mazza는 이러한 시치료의 이론적 배경을 아리스토텔레스의 카타르시스 개념, 프로이트와 융의 무의식 상징 해석, 야롬의 집단치료의 정서적 동일시 개념, 그리고 Nichols & Mazza(1977)의 시치료 정의 등을 종합하여 정리하였다. 특히 그는 시가 감정과 사고를 연결짓는 매개체이자, 자기 표현과 통찰을 확장시키는 도구로서 다양한 임상 및 교육 환경에서 활용될 수 있다고 본다.[22]

이러한 이론적 기반 위에서, 다음과 같은 국내외 선행연구들은 시 쓰기가 감정 조절, 자아 통합, 정체성 회복에 미치는 치유적 효과

---

20 니콜라스 마짜, 앞의 책, 23~27쪽.
21 위의 책. 23-27쪽.
22 위의 책. 23-27쪽.

를 실증적으로 뒷받침한다.

이와 같은 맥락에서 글쓰기 활동은 개인의 내러티브를 구조화하고 정리하는 중요한 역할을 한다. 특히, 1980년대 이후, 글쓰기의 치유적 기능에 대한 연구는 심리학과 의학 분야에서 활발히 이루어졌다. 페니베이커(J. W. Pennebaker)는 글쓰기가 개인의 분노를 누그러뜨리고 고통을 극복하도록 돕는다고 보았으며, 억눌린 감정을 표면화하는 과정이 불안과 우울을 완화하고 삶의 질을 향상시키는 데 기여한다고 하였다.[23]

시치료는 인문치료의 하위 예술치료 방식 중 하나로, 시라는 언어 예술을 통해 감정을 상징화하고 정체성을 재구성함으로써 정서적 회복을 이끄는 접근이다. 인문치료가 인간의 고통을 언어·철학·문학적 사유를 통해 통합적으로 성찰하는 치유 활동이라면, 시치료는 그중 시라는 장르의 상징성과 응축된 언어 구조에 주목하여 심리적 정화를 촉진하는 구체적 실천 방식이다. 본 연구는 이러한 인문치료의 개념틀 안에서 시 쓰기의 치유적 과정을 분석한 사례 연구에 해당한다.

억눌린 감정을 글로 쓰는 것은 내면의 고통을 표면화하고 객관화하는 과정으로, 불안과 우울을 완화시키며, 수면의 질, 사회적 관계,

---

[23] 제임스 W. 페니베이커·존 F. 에반스,『표현적 글쓰기 : 당신을 치료하는 글쓰기』, 이봉희 역, Xbooks, 2017, 29~30쪽.

작업 능률 등 여러 영역에서 긍정적인 변화를 초래한다고 했다.[24]

글쓰기 중에서도 시 쓰기는 감정의 정교한 언어화를 통해 고통의 심층을 탐색하고, 상처를 재구성하며, 자아를 통합하는 데 특별한 효과를 가진다. 시 쓰기는 감정의 표출을 넘어 자기 인식과 심리적 통합을 촉진하는 중요한 매개이며, 시를 통해 억압된 감정을 언어화하고 존재에 대한 긍정적 서사를 새롭게 구축할 수 있다.[25]

또한 시 쓰기는 개인의 서사를 재구성하고 치유적 변화를 이끄는 과정이다. 고통과 상처를 시로 언어화하는 과정은 내면의 분열을 통합하고, 기존 가족이나 사회적 관계에서 겪은 단절을 넘어선다. 이러한 시 쓰기의 과정은 개인을 고립된 존재로 남게 하지 않고, 자신과 타인을 포괄하는 열린 내러티브를 만들어내며, 자기 치유와 정체성 회복, 그리고 사회적 연대를 강화하는 데 기여한다.[26]

시인은 억압된 감정과 상처를 상징과 이미지로 구체화하며, 이를 통해 감정을 외부 세계로 표현한다. 이 과정에서 감정은 '경험된 감정'이 아니라 '표현된 감정'으로 재구성되며, 이는 자기 인식과 정체성에 대한 새로운 통찰로 이어진다.[27]

---

24 유건상. 앞의 책, 23쪽.
25 정한기, 「시 쓰기의 효과에 대한 연구」, 『국어문학』 제84집, 전주교육대학교, 2023, 480쪽.
26 김시원, 「시 쓰기의 치료적 효과 : 쉬페르비엘의 예」, 『문학치료연구』 제44집, 한국문학치료학회, 2017, 98~106쪽.
27 권성훈, 『시치료의 이론과 실제』, 시그마프레스, 2011, 51쪽.

시 창작은 감정을 표현하는 것을 넘어, 내면의 경험을 정리하고 통합하는 과정이 된다. 창작자는 시적 화자나 이미지에 자신을 이입하며 과거와 현재의 감정을 연결하게 된다. 이러한 감정의 이입은 내면 긴장 완화와 자기 인식을 가능하게 한다. 억눌렸던 감정이 언어로 표현되며, 자연스러운 정화와 심리적 해방이 일어난다.

시 쓰기는 개인의 경험을 객관화하고 성찰할 수 있도록 하며, 창작자는 자신의 경험을 새로운 관점에서 재해석하게 된다. 이 과정에서 부정적인 감정은 전환되어, 긍정적 자기 해석의 가능성을 획득하게 된다.[28]

이상의 이론적 논의를 바탕으로, 다음 장에서는 본 연구자가 시 창작 활동을 통해 경험한 감정의 언어화, 자기 이해의 심화, 존재 통합의 과정을 자전적 시 사례를 중심으로 구체적으로 분석하고자 한다.

Ⅲ. 시 쓰기를 통한 치유 : 자기 사례 분석

1. 시 쓰기를 통한 자기 표현

시 쓰기를 하다 보면 평소에는 인식하지 못했던 감정이나 기억이

28　위의 책, 61~62쪽.

자연스럽게 떠오르곤 한다. 그것은 단지 단어를 나열하는 과정이 아니라, 내면 깊은 곳에 잠재된 감정과 상처를 들여다보는 일종의 심리적 여정처럼 느껴진다. 감정의 흐름을 언어로 붙잡아보려는 이 시도는 자기 표현을 넘어서 자기 성찰의 기회를 제공한다.

이러한 탐색은 단지 연구 참여자의 관찰이 아닌, 본 연구자 자신의 실제 시 쓰기 경험을 바탕으로 한 자전적 질적 사례 분석으로 이루어졌다. 본 사례 분석은 시 쓰기를 통해 감정을 언어화하고 내면의 치유 과정을 심층적으로 탐색하는 데 그 목적이 있다.

이와 관련하여 시쓰기와 관련된 여러 결과물들을 참고할 수 있겠다. 이송희는 자화상 시 쓰기 경험을 통해, 학습자가 자신의 감정과 경험을 자연스럽게 언어화하고 구체화하는 과정을 경험하였다고 보고하였다. 이러한 시적 자기 표현은 자기 존재를 재구성하고, 자아 통찰과 존재 의미의 인식을 확장하는 데 기여한다고 보았다. 동시에 자기 이해와 자기 효능감을 증진시키며, 정서적 치유의 가능성을 열어주는 역할을 한다는 것이다. 나아가 시 쓰기는 타자 및 세계와의 관계를 새롭게 구성하는 소통의 매개체로 작용한다.[29]

시 쓰기를 통한 자기 표현은 단순히 감정 발화에 그치지 않고, 삶의 경험을 조직하고 해석하는 작업으로 이어진다. 진실한 글쓰기는 자신의 마음을 신뢰하고, 살아온 삶에 대한 확신을 바탕으로 내면

---

29 이송희, 「그림과 시를 활용한 자화상 쓰기」, 『국제어문』 제90집, 2021, 581~604쪽.

깊숙한 곳으로 내려가는 데서 시작된다. 글을 쓴다는 것은 자신의 가장 내밀한 감정과 기억을 응시하고, 그 본질적인 울림을 언어로 형상화하는 과정이다.[30]

이옥연·진은영은 문학상담 집단 프로그램에서의 시 쓰기 체험을 통해, 상처받은 경험을 언어화하고 통합하는 과정이 자기 이해를 심화시키고 삶의 의미를 부여하는 데 중요한 역할을 한다고 밝혔다. 이는 시 쓰기가 개인의 정체성을 재구성하고 확장하는 치유적 실천임을 시사한다.[31]

시는 감정과 기억을 상징화함으로써, 자신을 한 걸음 떨어져 바라보게 하고 내면을 들여다보게 만든다. 이 과정에서 자아는 보다 객관화되고, 삶에 대한 새로운 이해가 가능해진다. 시는 단순한 감정의 표현을 넘어 존재를 언어로 다시 구성하는 깊은 작업이다. 창작자는 조용한 시간 속에서 내면의 진실과 마주하고, 세계와 다시 연결되려는 노력을 시작하게 된다.

정기철은 용서를 주제로 한 시 쓰기 활동을 통해, 억눌렸던 부정적 감정을 언어화하고 객관화함으로써 감정 해소와 자기 이해를 이루는 과정을 분석하였다. 그는 시 쓰기가 과거의 상처를 단순히 회상하는 데 그치지 않고, 상처를 언어화하고 재구성함으로써 자신과

---

30 나탈리 골드버그, 『뼛속까지 내려가서 써라』, 권진웅 역, 한문화, 2003, 18~19쪽.

31 이옥연·진은영, 「문학상담 집단 프로그램에서의 시 쓰기 체험에 대한 가치 탐색 연구」, 『문화예술교육연구』 제19권 제2호, 2024, 63~101쪽.

타인에 대한 공감과 이해를 높이고, 건강한 자기 표현과 관계 맺음을 가능하게 하는 치유적 도구로 기능한다고 보았다.[32]

결국 시 쓰기를 통한 자기 표현은 내면의 감정과 기억을 드러내고 해석하는 데서 시작하여, 자기 이해를 심화시키고, 존재를 새롭게 통합하는 치유적 변화를 가능하게 한다. 이러한 자기 표현의 구체적 사례를 다음 장에서 살펴본다.

2. 인문치료학 입문 이전의 시

2.1. 그림자 : 「잿빛 날개」를 중심으로

"삶은 고해(告解)다."[33]라는 문장은, 본 연구자가 오랜 시간 막연히 느꼈던 내면의 어둠과 공허함을 단순한 고통의 서술이 아니라, 삶의 본질적 진실로 인식하게 만든 계기가 되었다. 어린 시절부터 본 연구자는 말이 없고 자기 표현이 거의 없었으며 어디 "아프냐"는 질문을 가장 많이 듣고 살아왔다. 자신조차 명확히 인식할 수 없었던 정서적 흐름은 일상의 피로와 무기력, 심리적 소외로 나타났다.

---

[32] 정기철, 「관계 맺음과 자기성장을 위한 글쓰기:용서」, 『한국문예창작』 제22권 제1호(통권 제57호), 2023, 164~167쪽.
[33] M. 스캇 펙, 『아직도 가야 할 길』, 이재석 역, 서울 : 율리시즈, 2011, 19쪽.

잿빛 날개

날개의 길목 끊어진 지 오래
헝클어져 내린 머리칼
그늘과 그늘이 만들어놓은 짧은 그림자
…(중략)…
도망가는 빛, 꿈꾸지 않는 나뭇잎
먼 나라로 밀려나는 신기루
제풀에 지친 발걸음, 쏘아보는 빈손, 축 처진 어깨
다시, 해가 떠 있는 마을을 찾아 헤매야 한다

본 연구자는 금빛 날개를 달고 비상하고자 했으나, 현실에서는 사고가 우선하고 실천은 뒤따르지 않는 무기력 상태에 머물러 있었다. 내면의 소리는 사라졌으며, 발자국은 삶의 경계선에서 흔들리며 풀려 나갔다. 찢어진 깃털을 팔아 잃어버린 그림자를 되찾고자 했던 심리는, 실천보다 사고가 우선하는 경향과 결합되어 결국 기울어진 햇덩이 안에 날개를 숨기는 결과를 초래했다.

융은 무의식의 구성 요소 중 하나로 '그림자(shadow)'[34]를 정의하였으며, 이를 자아가 받아들이지 못한 부정적 특성들의 총체로 규정하였다. 그림자는 의식적으로 부정되고 억압된 심리적 측면이 무의식에 축적된 것이며, 자아 통합을 위해서는 반드시 그림자와 직면하고

---

34 이부영, 앞의 책, 71~85쪽.

이를 수용해야 한다고 설명하였다.[35]

이부영은 그림자를 "자아가 수용할 수 없는 부정적 요소뿐만 아니라, 발달하지 못한 긍정적 가능성까지 포함하는 무의식의 일부분"이라고 정의하였다. 그는 그림자가 억압될 경우 개인의 의식적 자아는 협소해지고, 무의식적 충동에 의해 삶이 지배될 수 있다고 보았다.[36]

이러한 관점에서 볼 때, 본 연구자가 경험한 무기력과 정서적 소외 역시 의식되지 못한 그림자의 발현으로 해석할 수 있다.

억눌린 감정과 존재의 고통을 직면하고 통합해가는 과정은, 본 연구자가 시 쓰기를 통해 시작하게 된 자기 치유의 핵심적 여정이었다. 고해(告解)는 곧 그림자이며, 그 그림자와의 대면은 존재를 재구성해가는 긴 여정의 서곡이었다. 스캇 펙은 "삶이 힘들다는 사실을 진정으로 받아들이게 되면, 오히려 삶은 더 이상 힘들지 않게 된다"고 하며 고통에 대한 수용이 궁극적 치유로 이어질 수 있음을 강조하였다. 이는 시를 통한 무의식의 상징화와 자기 표현이 치유적 변화를 유도할 수 있음을 보여준다.[37]

---

35 위의 책, 71~85쪽.
36 위의 책, 41쪽.
37 M. 스캇 펙, 앞의 책, 19~21쪽.

2.2. 페르소나 : 「침묵의 말」을 중심으로

본 연구자는 오랜 시간 동안 삶의 고통을 명확히 자각하기보다는, 정서적 불쾌감과 피로감 속에 머물러 있었다. '힘들다'는 인식보다는 '짜증난다'는 정서 반응이 일상화되었으며, 만성적 무기력감과 회피적 정서 태도가 내면에 깊게 자리 잡고 있었다. 이른바 게으름으로 점철된 나날들은 정서적 에너지의 고갈과 자기 효능감의 저하를 반영하고 있었다.

침묵의 말

보이는 곳으로,
손 끝을 자극하며 달려오는
눈먼 자의 기도문을 읽는다
…(중략)…
보이는 대로, 들리는 대로, 있는 그대로
녹슨 말[言]은 죄가 되고
삿된 태도는 구름이 된다

본 연구자는 "눈먼 자의 기도문"을 읽듯, 소리를 내지 못한 채 발끝으로 "귀 먼 자의 침묵"을 뼈에 새기며, 텅 빈 하늘만을 바라보곤 하였다. 저녁이 되어 끓어오르는 혓바늘을 억누르며 보이는 대로, 들리는 대로 타인과 세계를 탓하고 미워하다가, 말이 녹슬어 죄책감 속에 휘말리는 경험을 반복하였다. 이처럼 정서적 억압과 자기 비난의 순환 속에서, 감정은 점차 어둠 속으로 가라앉아 갔다.

융은 인간이 사회적 역할을 수행하기 위해 외부에 드러내는 가면을 '페르소나(Persona)'라고 정의하였다. 페르소나는 개인이 사회와의 조화를 위해 필요한 심리적 장치이나, 이에 과도하게 몰입할 경우, 진정한 자아(Self)와의 단절을 초래한다고 보았다. 이부영 역시 페르소나를 "가상"이라 규정하며, 그것을 없애야 할 것이 아니라 자아와 구별하여 인식해야 한다고 강조하였다.[38]

그는 페르소나 자체는 문제가 아니지만, 이에 맹목적으로 동일시하는 경우, 자아의 궁극적 목표를 상실하고 삶이 왜곡될 위험이 있다고 지적하였는데 특히 인간이 집단 속에서 생을 영위하는 이상, 사회적 역할과 도덕 규범, 예의 범절을 완전히 배제할 수는 없으며, 소아기에서 청소년기에 이르기까지 페르소나의 형성은 외계와 관계를 맺는 데 필수적이라고 설명하였다.[39]

「침묵의 말」에서 나타나는 시적 자아는, 사회적 기대에 따라 외부로는 감정 없는 모습과 침묵을 유지하면서, 내면에서는 억압된 감정이 쌓여가는 심리 상태를 보여준다. "녹슨 말[言]은 죄가 되고 / 삿된 태도는 구름이 된다"는 표현은, 내면의 감정이 제대로 외화되지 못한 채 죄책감과 자기 부정으로 전이되는 과정을 상징한다. 이는 사회적 요구에 의해 형성된 페르소나와, 억눌린 내면 자아 사이의 긴

---

[38] 이부영, 『분석심리학』(3판), 서울:일조각. 2021, 96~100쪽.
[39] 위의 책. 96~100쪽.

장 상태를 상징적으로 드러낸다.

특히 본 연구자는 누군가가 새로운 시도나 방향을 제안할 때마다 "내가 과연 할 수 있을까", "내가 감히…"라는 자기 억제와 가능성 차단을 반복하였다. 이는 외부 기대에 순응하려는 페르소나와, 내면에서 그것을 거부하고자 하는 진정한 자아 사이의 갈등을 반영한다. 사회적 소속을 갈망하면서도 편입되기를 거부하는 양가적 심리 상태 속에서, 연구자는 지속적으로 정체된 자기 상태에 머물러 있었다.

본 연구자는 거부하고 싶으면서도 거부할 수 없는 운명론적 태도 속에서, 연구자는 세상을 회색빛으로 응시하며 정서적 공허와 회피적 태도에 익숙해져 있었다. 이러한 내면의 긴장 구조를 보다 명확히 자각하게 된 것은 첫째 아이가 다섯 살이 되었을 무렵이었다. 아이가 어린이집에 다니기 시작한 이후, 본 연구자는 아침마다 반복적으로 화가 난 자신의 모습을 발견하였으며, 이때 오래전 어머니의 모습이 겹쳐 떠올랐다. 이는 무의식적 정서 기억의 재현이며, 융이 설명한 무의식적 동일시 과정과도 관련된다. 새벽마다 일어나라고 소리치던 어머니의 모습은 당시 이해할 수 없는 행위였으나, 본 연구자는 강도의 차이는 있으나 유사한 정서적 재현을 수행하고 있었던 것이다.

2.3. 콤플렉스 : 「기억」을 중심으로

기억

> 깨물면 뭉텅뭉텅 빠지는 금들이 있다 순서대로 빠지지 않는다 한 번 빠지면 아귀가 맞지 않는 금
> 채워 넣을 수 없다
> …(중략)…
> 잊으려 해도 잊어버리려 해도 잊혀질 권리를 주려 해도 처음부터 순서가 맞지 않았으므로 더럽혀지지 않았으므로
> 지워지지 않았다

시 「기억」은 본 연구자가 경험한 심리적 기억의 왜곡과 정서적 고착을 상징적으로 표현하고 있다. 반복적으로 등장하는 '금'은 해체된 자아의 조각을 상징하며, "순서가 맞지 않는다"는 표현은 심리적 기억의 단절과 통합 실패를 드러낸다. 이 시에서 나타나는 기억은 흐르지 않고 고여 있으며, 감정은 소화되지 못한 채 내면에 정체되어 있는 상태로 표현된다.

융은 무의식 속에 억압된 정서 에너지가 자율적이고 독립적으로 작동하는 심리 구조를 '콤플렉스(Complex)'라고 정의하였다.[40] 콤플렉스는 과거의 충격적 경험이나 해결되지 않은 정서적 상처로부터 기

---

[40] 위의 책, 65~72쪽.

원하며, 특정 자극에 의해 활성화되어 의식적 사고와 감정 흐름을 방해한다고 보았다.[41]

「기억」에서 나타나는 본 연구자의 심리 상태는, 무의식에 잠재되어 있던 콤플렉스가 지속적으로 감정적 반응을 유발하고, 이를 통해 현실 감각과 자기 인식을 왜곡하는 양상을 보여준다. "지워지지 않는 기억", "계획대로 씹히지 않는 금" 등은 억압된 정서 기억이 통합되지 못한 채 내면에 잔존하고 있음을 상징하며, 이는 융이 말한 콤플렉스의 자율성과 심리적 지배 현상과 깊게 연결된다.

특히 본 연구자는 무의식적으로 축적된 정서적 콤플렉스를 자녀 양육 과정에서도 드러냈을 가능성이 있다. 첫째 아이가 어린이집에 다니기 시작한 이후, 본 연구자는 반복적으로 화를 내는 자신의 모습을 인식하게 되었으며, 이는 과거 어머니와의 관계 경험이 무의식적으로 재현된 것으로 해석할 수 있다. 새벽마다 강압적으로 일어나라고 소리치던 어머니의 모습은 당시에는 이해할 수 없는 행위였으나, 본 연구자는 강도의 차이는 있으나 유사한 정서적 반응을 반복하고 있었다. 이는 무의식적 정서 기억의 재현이자, 콤플렉스의 활성화가 현실 행동에 영향을 미친 사례로 볼 수 있다.

찰스 셀(Charles Sell)은 분노에는 세 가지 이득이 있으며, 그 중 하나는 타인을 탓함으로써 자신에 대한 죄책감과 무력감을 회피할 수 있

---

41 위의 책, 65~72쪽.

게 된다고 설명하였다.[42]

또한, 찰스 셀이 지적한 바와 같이, 분노는 자기합리화를 위한 심리적 방어기제로 작용할 수 있으며, 이는 기억의 위계 속에서 자신을 정당화하고자 하는 본 연구자의 감정 구조와도 일치한다.[43]

본 연구자의 경우, 내면에 고착된 기억과 감정 콤플렉스가 외부 자극에 의해 활성화되었고, 이를 통해 반복적인 감정 반응과 행동 양식이 형성되었음을 알 수 있다.

결국, 「기억」은 본 연구자가 무의식적 콤플렉스에 의해 휘둘리고 있는 내면 구조를 시적 언어로 형상화한 작품이다. 시 창작은 억눌린 감정과 단절된 기억을 외화하고 통찰하는 매개가 되었으며, 이 시기 시 쓰기는 초기적이나마 자기 인식과 정서적 통합을 향해 나아가는 치유적 실천이었다.

2.4. 감정 억압과 침묵 : 「행간의 숲」을 중심으로

본 연구자는 일상의 무기력함과 시간에 대한 무감각 속에서 반복되는 자기 회귀적 감정 순환을 경험하였다. 이러한 심리적 상태 속에서 창작된 시가 「행간의 숲」이다. 이 시에서 시적 자아는 존재의 경계를 탐색하고자 하나, 실질적으로는 그 안에 갇혀 방향을 잃은

---

42 찰스 셀, 『아직도 아물지 않은 마음의 상처』, 정동섭·최민희 역, 도서출판 두란노, 1992, 204~205쪽.
43 위의 책. 204~205쪽.

채 표류하고 있다.

행간의 숲

저물도록 경계를 지워 나갔다
더 이상 지워 나갈 수 없을 때까지
길이 끝나는 곳에 경계가 세워지고
길이 사라지는 곳에 또 하나의 경계가 생긴다
…(중략)…
너는 언제나
거기 그곳 그 자리에 우두커니 서 있었다
석탑처럼 꼿꼿하게 서 있었다[44]

본 연구자는 이중화된 시적 자아를 통해 자신을 감추려 하였으나, 결국 자기 자신을 직면하게 된다. "너는 언제나 / 거기 그곳 그 자리에 우두커니 서 있었다"는 구절은 존재의 고착과 자기 소외를 상징하며, 연구자가 자기 인식의 정체성과 방향을 상실한 상태에 있었음을 나타낸다. 시적 자아는 스스로를 세계로부터 소외시키거나, 소외되기를 선택하는 이중적 태도를 취하고 있다. 창작 당시 연구자의 심리 상태는 매우 경직되어 있었다. 낮 동안 무기력하게 시간을 흘려보내고, 해가 저물 무렵이 되어서야 자신을 책망하는 정서적 패

---

44 김명래, 「행간의 숲」, 대구문인협회, 『제39회 달구벌백일장 공모전 입상 작품집』, 2020, 298~299쪽(차하 수상작).

턴이 반복되고 있었다. 이러한 내면의 침식과 고통은 「행간의 숲」의 각 행에 걸쳐 고스란히 반영되었으며, 감정 해소가 이루어지지 않은 채 극단적 고조로 치닫는 양상을 보였다.

「행간의 숲」은 정서적 침묵과 억압 속에서 탄생한 작품으로, 감정이 언어화되지 못한 채 표면만을 맴돌았던 시기적 한계를 보여준다. 그러나 이러한 실패 경험조차도, 이후 감정 인식과 자기 성찰을 확장해 가는 과정의 중요한 디딤돌이 되었으며, 이는 시 쓰기를 통한 치유 과정의 초기적 단계로 평가될 수 있다.

3. 인문치료학 입문 이후의 시

자기효능감(self-efficacy)은 한 개인이 겪은 과거의 경험들, 다른 사람과의 비교, 간접 경험 등에서 비롯되며, 신체적 상태나 정서적 상태, 사회적 환경에 의해서도 영향을 받는다. 이임영은 이러한 요소들이 결합되어 자기효능감을 형성한다고 설명하며, 외적 요인에만 의존하기보다는 변화와 성장이 개인의 내적인 과정에서 비롯되어야 한다고 강조한다.[45]

또한, 김아영(외)은 자기효능감이 자기조절학습과 밀접하게 연관되며, 자기효능감이 높은 사람은 불안이나 공포감에 덜 영향을 받으

---

[45] 이임영, 「자기효능감의 이해를 통한 인간의 욕구와 행동에 관한 연구」, 『경영교육논총』 제55집, 2009.6, 221~247쪽.

며, 자신의 상황을 잘 제어할 수 있다고 설명한다.[46]

이러한 자기효능감의 개념은 시 창작 과정에서 중요한 역할을 한다. 통일인문학 제80집에서 자기효능감은 "시 읽기 과정에서 시적 화자의 지향점을 유사한 관점으로 바라보며 자신의 현실과 미래를 모색하려는 의지를 담아내는 공감 능력"으로 정의된다.[47]

이러한 상태에 대한 보다 명확한 이해는 인문치료학과에 입학한 이후에 가능해졌다. 특히 자기효능감에 관련된 수업은 필자에게 자기 감정과 정체성에 대한 통찰을 제공하였다. 이 연구는 자기효능감이 낮은 사람일수록 감정 인식과 표현에 어려움을 겪으며, 회피적인 대인관계를 반복한다는 점을 실증적으로 보여주었다. 이러한 내용은 필자의 경험과 깊이 맞닿아 있었고, 자신이 왜 감정을 적절히 표현하지 못했는지에 대한 구조적인 이해로 이어졌다.[48]

문패

뜬눈으로 붉은 창을 맞이했습니다
저물녘 강물에 그림자 하나 담그어놓고

---

46 김아영·차정은·이다솜·임인혜·탁하얀·송윤아, 「부모의 자율성 지지가 초등학생의 자기조절학습효능감에 미치는 영향:자기결정 동기의 매개효과」, 『The Journal of Korean Education』 35(4), 3~24쪽.

47 통일인문학 편집위원회, 「현대시 읽기를 통한 문학적 상상력이 '자기 효능감'에 미치는 영향」, 『통일인문학』 80, 2019, 224쪽.

48 김혜지 외, 「자기효능감, 대인관계 기술과 정서표현불능이 초기 타인 지각에 미치는 영향」, 『한국상담학회지』 제20권 1호, 2012, 1~20쪽.

달빛에 목이 감길 즈음
출렁이는 눈꽃을 바라보다가
…(중략)…
끊어진 인대를 바라보며
엄지손가락에 묻어 있는 문패를
지팡이처럼 끌어안습니다
환한 새 길을 열듯이

시 쓰기는 개인이 자신의 신체적, 정서적 경험을 이미지적 언어로 표현하는 독창적인 방식으로, 자기 자신을 온전히 드러낼 수 있는 강력한 도구이다. 특히 신체적 또는 정서적 고통을 겪고 있는 사람은 구체적인 언어로 자신의 감정을 표현함으로써, 공감과 이해를 이끌어낼 수 있다. 이는 자신의 경험을 안전한 방식으로 전달하는 과정에서 중요한 치유적 효과를 가져올 수 있다.[49]

『문패』에서 본 연구자는 무기력한 감정을 마주하기보다는 그것을 차단하려는 시도를 통해 감정의 억제와 회피를 드러낸다. 고통이 만연한 상황을 시적으로 상징화하며, 그 속에서 벗어나지 못하는 감정의 억압을 신체적 고통과 연결시키고 있다. 이러한 억눌린 감정들은 풀리지 않고 내면에 남아 있으며, 감정의 억압은 특정 물체나 상징으로 치유되지 않은 채 여전히 붙잡고 있다는 이미지를 전달한다.

한때 연구자는 정서 상태를 '안개'로 자주 표현하였다. 실제로 평

---

[49] 이옥연·진은영, 앞의 글, 92쪽.

생학습관의 미술치료 수업에서는 별칭을 '안개'로 지었는데, 이는 연구자의 내면 상태가 명료하게 인식되지 않으며, 늘 혼란과 불확실성 속에 머물러 있음을 함축하는 상징임을 인식하게 되었다. 사람들과의 관계에서도 불안감이 컸고, 대화 자체에 부담을 느끼며 소극적인 태도를 지속적으로 취하였다. 대인관계 속에서는 일방적으로 영향을 받으면서도 그 관계를 온전히 받아들이지 못하고 거리를 두는 모순된 감정 반응이 반복되었다. 이는 감정 인식과 자기 이해의 결여에서 비롯된 것이며, 연구자의 내면에 축적되어 있던 정서적 고립의 흔적이었다.

3.1. 개성화 과정의 서막

외면적으로는 평온한 일상을 유지하는 듯 보였으나, 연구자의 내면에는 정리되지 않은 감정의 잔재가 끊임없이 일렁이고 있었다. 감정의 혼재와 불안은 심층적 수준에 자리하고 있었으며, 이러한 내면적 혼란은 인문치료학과의 시 치료 수업을 계기로 점진적으로 해소되기 시작하였다. 시를 치료적 관점에서 접근하고 해석하는 수업 방식은 연구자에게 신선한 통찰을 제공하였으며, 특히 무의식에 잠재된 감정의 기원을 의식적으로 성찰하는 데 중요한 계기가 되었다.

지느러미에게

물속에 잠겨 있는 나는 아직 눈을 뜨지 못한다

겹겹이 밀려오는 푸른 눈꺼풀의 떨림을 온몸에 기록하면서
…(중략)…
지나온 발자국보다 길어진 그림자 하나 띄워놓고
떠가는 구름을 바라보며 눕는다
…(중략)…
절뚝, 절뚝이는 그림자
그림자는 말이 없다
절름발이가 된 그림자 사이로 구름이 낮게 흐르고
송곳처럼 튀어 오른 내 갈비뼈의 사이사이마다
아직 채 여물지 못한 물혹들이 하나 둘씩 싹트기 시작한다
…(중략)…
바람이 훑는다
온몸을 지우며 간다

본 시기 작성된 「지느러미에게」는 연구자가 억압된 감정을 상징적으로 투영하려는 시도에서 출발하였다. "물속에 잠겨 있는 나는 아직 눈을 뜨지 못한다"는 첫 구절은, 시적 자아가 여전히 무의식의 심연에 잠겨 자기 자신을 응시하지 못하는 상태를 반영한다. 감정은 감지되나 구체적 언어화나 형상화로 이어지지 못하고 있으며, 사용된 상징 또한 흐릿한 감정의 인상에 머물러 있다. '눈꺼풀', '지느러미', '물혹', '그림자', '갈비뼈' 등 신체적·감각적 이미지는 상처의 흔적을 간접적으로 드러내지만, 감정 인식과 치유적 전환에는 이르지 못하고 있다.

특히 "절뚝, 절뚝이는 그림자"와 "아직 채 여물지 못한 물혹들"이

라는 표현은 상처 입은 자아의 결핍과 미완의 감정 상태를 암시한다. 그러나 이러한 감정들은 여전히 언어적 통합에 이르지 못한 채 표류하고 있으며, 시적 자아 또한 스스로를 인식하고 통합하는 방향으로 나아가지 못하고 있다.

「지느러미에게」는 무의식에 잠재된 감정을 시적 상징으로 표면화하기 시작한 작품으로, 감정을 객관화하거나 통합하는 관찰적 거리를 충분히 확보하지 못한 상태를 보여준다. 감정의 상징화는 이루어졌으나, 이를 통합하고 변형하는 단계에는 이르지 못했으며, 자아 성장 또한 본격적으로 진입하지 못한 상태로 해석할 수 있다.

결과적으로, 이 시기의 연구자는 억압된 감정을 시적 상징을 통해 부분적으로 드러내었으나, 심리적 통합과 개성화의 본격적 과정으로는 아직 이행하지 않은, 준비기의 단계를 나타내고 있었다.

3.2. 「귀뚜라미」: 내면아이와 감정의 억압

연구자의 유년기는 불안정하고 위축된 정서 상태로 점철되어 있었다. 부친은 알코올 의존이 심했고, 모친은 생계를 책임지느라 극심한 신체적·정신적 소진 상태에 있었다. 가정 내 갈등과 폭력적 분위기, 시골 마을의 적막함은 연구자의 정서적 불안을 더욱 심화시켰다. 이로 인해 연구자는 타인의 시선을 두려워하며 극도로 낮은 자존감을 경험하였고, 정서적 고착과 반복되는 불안은 무의식에 깊이 새겨졌다. 이러한 이론적 배경 속에서 창작된 시 「귀뚜라미」는 연구자가 무의식에 억압된 상처를 상징적으로 조망하고 이를 언어화하려 한 초기 창작물이다. 연구자는 억눌린 감정을 환기시키는 상징적 장치로 귀뚜라미의 이미지를 차용하였다. 귀뚜라미는 상처받은 자아를 대신하는 시적 존재로서, 수평선처럼 먼 곳에서 과거의 기억으로부터 흘러나오는 울음을 대변하고 있다.

귀뚜라미

오늘 밤
귀뚜라미가
수평선처럼 먼 울음을 우는 것은
어제까지 살아 있었던
제 그림자를 지워보려는 것이다.
…(중략)…
순간
울음을 멈추고
긴 적멸의 시간으로 가는 귀뚜라미에게
왜 그리 울었느냐고
울어서
속은 후련해졌느냐고
묻고 싶어지는 것이다

감정은 여전히 과거에 머물러 있으나, 현재의 정서와 인식에 지속적인 영향을 미치고 있었다. 그림자를 지우려는 시도는 상처를 부정하거나 극복하고자 하는 무의식적 노력으로 읽히지만, 원형적 상처는 쉽게 지워지지 않고 남아있다. 이중적 감정이 교차하는 가운데, 연구자는 현실과 내면의 괴리 속에서 복합적인 감정 반응을 경험하고 있었다. 본 연구자는 「귀뚜라미」를 집필할 당시, 감정을 구체적으로 풀어내는 방법을 알지 못한 채 답답한 심정을 울음이라는 이미지에 기대어 표현하고 있었다. 마지막 부분에서 귀뚜라미에게 "왜 그리 울었느냐고 / 울어서 속은 후련해졌느냐고" 질문하는 대목은, 결국 자신에게 던지는 치유적 질문으로 해석할 수 있다.

연구자에게 시 쓰기란 자각적 계획 없이 감정이 상징으로 스며드는 경험이었다. 명시적으로 주제를 정하지 않았음에도 불구하고, 쓰기 과정 중 자연스럽게 내면의 깊은 층위가 흔들리고, 그것이 상징적 장면으로 표현되는 양상이 빈번히 나타났다. 「귀뚜라미」에서 반복되는 울음과 그림자의 이미지는 이러한 무의식적 정서의 발현을 상징적으로 보여준다. 결과적으로 「귀뚜라미」는 단순한 감정의 표출을 넘어, 연구자가 내면의 목소리에 귀 기울이고 상처를 관찰하며 감정에 질문을 던지는 자기 성찰의 공간이 되었다. 이는 시 창작이 정서적 해소를 넘어 감정 조절 및 자기 통합을 촉진하는 인문치료적 실천임을 보여주는 사례로 볼 수 있다.

3.3. 감정의 관조와 내면적 수용 : 억압기와 상징화기의 시 비교

석사과정 3학기 무렵, 본 연구자는 여전히 '나'라는 존재를 탐색하고 있었으나, 그 시선은 이전처럼 상처를 정면으로 응시하거나 감정을 터뜨리는 방식에 머무르지 않고 있었다. 초기 시기에는 시 쓰기가 억압된 감정을 분출하는 수단처럼 인식되었고, 감정을 쏟아내야만 자신을 확인할 수 있다고 여겼다. 그러나 시간이 흐르며, 감정을 직접적으로 언어화하지 않아도 시 안에 자연스럽게 스며들 수 있다는 가능성을 인식하게 되었다. 이는 감정과의 새로운 관계 맺기 방식이자, 시 창작에 있어 내적 태도의 변화를 의미하였다.

이러한 감정의 표현 방식은 억압기의 시 「색을 밀어내다」와 상징화기의 시 「문장의 지도를 찾다」를 통해 보다 명확히 비교할 수 있다. 억압기 시 「색을 밀어내다」에서는 감정이 직면되지 않고 은폐되는 경향이 두드러진다. 시적 화자는 감정을 표출하지 않고 억제하거나 차단하며, 언어적 침묵을 선택한다.

색을 밀어내다

가끔, 그런 날들이 있습니다
틀을 지우지 않고 형식까지 그대로 두고 싶은 충동
육탈된 뼈 사이로 문장이 흘러나가면 문을 닫습니다
…(중략)…
남아도는 것은 오체투지
그 펜촉의 울음소리뿐

이 시는 감정을 드러내기보다 감정의 발생 자체를 차단하거나, 흘러나오는 감정을 서둘러 '문을 닫음'으로써 부정한다. "형식까지 그대로 두고 싶은 충동", "문장이 흘러나가면 문을 닫습니다" 등의 표현은 감정 표현을 구조적으로 억압하고 있는 상태를 상징한다. 감정은 아직 시적 언어로 통합되지 못한 채 배회하며, 시적 자아 역시 자기감정에 접근하려는 의지를 보이기보다는 그것을 멀리 두고 응시한다.

반면, 상징화기의 시 「문장의 지도를 찾다」에서는 감정이 억압되지 않고 은유적 기호들을 통해 시 안으로 통합된다. 감정은 더 이상 억눌러야 할 무거운 짐이 아니라, '지도'처럼 탐색되고 기록될 수 있는 내면적 지형으로 전환된다.

문장의 지도를 찾다

렌즈의 흰 목덜미에서
푸른 길들이 지워져 나간다
···(중략)···
이제,
너를 향한 고백들이

달무리 속에서 부서져가는 고백의 주소가
붉은 길 지나
먼 기억의 길어진 혀 하나
뽑아놓는다

이 시에서는 감정의 기원을 추적하고 그것을 '길', '고백', '혀' 등의 감각적 상징으로 구체화하려는 노력이 뚜렷하다. 억압되었던 감정은 탐색되고 구성되어 하나의 자기 내러티브로 자리잡는다. 특히 "기억의 길어진 혀 하나 뽑아놓는다"는 표현은, 감정을 의식의 언어로 되살리고자 하는 적극적인 치유적 의지를 보여준다. 이는 융의 분석심리학에서 말하는 개성화 과정, 즉 무의식적 요소를 의식화함으로써 자아를 통합하려는 실천과 상응한다.

이와 같이, 억압기의 시에서는 감정이 언어 밖에서 배회하며 응시 대상에 머물러 있지만, 상징화기의 시에서는 감정이 언어로 수용되고 삶의 내적 질서를 구성하는 실존적 요소로 작용한다. 시 쓰기를 통한 감정의 이동은 단순한 정서적 해방을 넘어, 감정의 의미화와 자아의 재구성으로 이어지는 창조적 치유의 서사로 읽힐 수 있다. 따라서 본 절은 감정 표현 방식의 질적 변화를 두 시를 통해 비교함으로써, 시 쓰기 과정이 어떻게 심리적 전환을 유도하고 자기 통합을 가능하게 하는지를 구체적으로 제시한다.

3.4. 감정의 의미화와 자기 통합의 서사

결국, 이 시기의 연구자에게 시 쓰기는 상처를 무겁게 꺼내 보이는 작업이 아니라, 사물이나 풍경을 통해 감정을 감싸고 관조하는 치유적 행위로 자리잡게 되었다. 이는 자기 감정에 대한 새로운 태도를 형성함과 동시에, 자기 존재를 보다 유연하게 수용하고 세상과의 연결감을 회복하는 과정으로 이해할 수 있다.

날아오르다

박제된 울음 하나
달빛 속으로 걸어 들어간다
…(중략)…
칠 년 공백의 사슬
끊어보려 애쓰는 메아리
…(중략)…
뚜벅뚜벅
산문으로 걸어 들어간다

　이러한 시적 전환은 「날아오르다」에 뚜렷하게 나타난다. 「날아오르다」에서 연구자는 반복된 상처의 패턴에서 벗어나, 억눌린 감정을 정제된 언어로 관찰하고 이를 자기 서사로 재구성하려는 태도를 실천하고자 하였다. "칠 년 공백의 사슬"과 "뚜벅뚜벅/산문으로 걸어 들어간다"는 표현은 감정이 더이상 무분별하게 분출되는 대상이 아니라, 사유와 통합을 통해 수용해야 할 대상으로 전환되고 있음을 시사한다. 이 시기의 연구자 역시 감정을 직면하고 의미화하는 과정으로 시 쓰기의 방향을 전환해 나가고 있었다.
　연구자의 감정 역시 이 시기를 거치며 외적 분출이 아닌 자연과 조율되는 내적 흐름으로 변모하였다. 시 쓰기는 상처를 응시하는 차원을 넘어 존재를 관조하는 차원으로 심화되고 있었다. 결국, 이 작품은 연구자의 시 쓰기가 감정 해소의 수단을 넘어 자기 통합의 서사로 진화하는 과정을 보여주는 대표적인 사례라 할 수 있다. 상처를 안은 채 자연을 바라보고, 자신의 삶을 조용히 그 위에 겹쳐보는 순간들 속에서, 연구자는 더 이상 고통의 수동적 피해자가 아니라, 고통을 서사화하고 의미화하는 능동적 주체로 자리매김하게 되었다. 이는 시 쓰기를 통한 자기 이해의 심화이며, 감정 치유의 보다 완성된 단계로 해석될 수 있다.

3.5. 감정의 근원 성찰과 상징적 재구성

마지막 학기였던 2022년, 연구자는 시 쓰기의 행위가 점차 깊은 내면으로 침잠해 가는 과정임을 체감하게 되었다. 초기에는 감정이 터질 때마다 그것을 쏟아내듯 글을 썼지만, 이 시기에는 감정을 보다 신중히 들여다보고, 그것을 어떤 이미지와 상징으로 전환할 수 있을지 탐색하는 태도가 강화되었다. 이러한 변화는 「샛강」이라는 작품을 통해 구체적으로 드러난다.

샛강

피고 진 발자국들이 주술처럼 멀어져가는 저녁
산새 한 마리 긴 시간의 울음을 안고 날아돈다
…(중략)…
샛강의 뒷면은 늘 빈칸
빈칸으로 머무는 옆구리마다 쌓여가는 달빛을 털어내며
느릿느릿 걸어가는 네모진 시간들 사이로 그림자 하나 묻어간다
꿈속인 듯 흩어져가는 자리로 붉게 물들어가는 파열음

> 울음은 섬이 되고
> 뼈마디 타고 흐르는 소리 흩어져간다[50]

「샛강」은 연구자가 오랜 시간 내면 깊숙이 얽혀 있었던 '어머니'라는 존재를 상징적으로 소환하여 시적 언어로 표현한 시도이다. 연구자에게 어머니는 가까우면서도 멀고, 사랑이자 상처였으며, 때로는 자신과 동일시되기도 하고 한편으로는 이질적 타자로 인식되기도 하는 복합적 존재였다. 이 복합적 감정을 직접적으로 폭로하기보다는, 시를 통해 상징적·은유적 언어로 재구성하고 관조하려는 노력이 이 시기에 두드러지게 나타났다. 이 시기 연구자는 자기와 타자의 경계를 허물고 내면의 상처를 시적 형태로 치유하려는 시도를 지속하였다.

이 시기 연구자의 시 창작은 인문치료적 관점에서도 중요한 의미를 가진다. 시 쓰기는 단순한 감정 발산을 넘어, 내면의 갈등을 해석하고 삶의 서사로 재구성하는 치유적 실천으로 작용하였다.

「샛강」을 창작하면서 연구자는 단순히 '아프다'는 표현을 넘어서, 그 감정이 어디서 기인했는지, 그리고 그것이 자신의 삶에서 어떤 의미를 갖는지에 대해 성찰하였다. 이는 감정을 있는 그대로 표출하는 데 그치지 않고, 상징과 은유를 통해 감정의 근원에 접근하고, 그

---

50 김명래, 「샛강」, 영등포구·(사)구상선생기념사업회, 『제11회 구상한강백일장 수상작품집』, 2022, 35~36쪽(차하 수상작).

것을 시적 언어로 재구성하는 자기 치유적 탐색 과정이었다.

연구자에게 시 쓰기는 단순한 감정 표출을 넘어, 고여 있던 감정들을 꺼내어 들여다보고, 그것을 삶의 언어로 전환하는 작업으로 변화하였다. 석사과정 4학기 무렵부터 연구자의 시에는 상처를 밀쳐내기보다는 조심스럽게 끌어안으려는 태도가 담기게 되었으며, 「샛강」은 연구자가 자신에게 보다 가까이 다가가려는 첫 시도로 기록된다. 이러한 변화는 연구자에게 진정한 시 쓰기의 시작이자, 내면 치유의 중요한 전환점이 되었다.

3.6. 감정의 근원 탐색과 자기 이해의 확장

이 과정에서 인문치료 수업을 통한 내면적 화해가 중요한 역할을 하였다. 특히 어머니와의 내면적 화해가 이루어진 이후, 연구자는 자신이 억누르고 있던 감정들과 보다 명확히 마주할 수 있었으며, 자기 목소리를 확실히 인식할 수 있게 되었다. 어머니와의 관계는 연구자에게 복합적이고 다층적인 감정의 근원이었고, 시 쓰기를 통해 이러한 감정을 재구성하고 명확히 들여다보는 과정은 중요한 자아 성찰의 기회가 되었다.

안목항에서 카푸치노를 1

검은 물결 위로
융단 같은 거품이 앉아 있다

거품 아래 펼쳐지는 꿈길 사이로
햇살은 그림을 그리고
노을은 기억으로 살아난다
기억은 어제를 투명하게 살아낸 자의 몫이다
어제에 취한
노을 저편의 시간이 자음과 모음으로 돋아나
테이블 위
푸른 잔 속에서 문장으로 번역되는 오후
울어본 적 없는 얼굴이
바람 불지 않는 모습으로
꽃잎처럼 피어나 앉아 있다.[51]

안목항에서 카푸치노를 2

언제였던가
이곳에서 푸른 잔 속으로 흐르는 문장을 입안 가득 베어 물었었다
흔들리는 잎새 사이로 바람이 일듯 혀끝 가득 다가오던 구름의 맛
너는,
네 몸에 번지는 향기를 외워달라고 내게 주문했었다
곧게 선 나무이지 않아도 된다고
바람에 누워 금방 일어나지 못하는 풀잎이어도 괜찮다고
아픔에 가 닿더라도 한 마리 새처럼 앉아 있다가 날아오르면 되는 거라고

---

51 김명래, 「안목항에서 카푸치노를 1」, 『강릉문학』 제12호, 강릉문인협회, 2022, 75쪽(강릉문학작가상 수상작).

너는 말했었다
나는 이곳에서 너를 앞에 두고
또 하나의 검은 내 발자국이 바람에 몸 기대고 오해로 돌아섰던
내 영혼의 꽃잎을 살펴보고 있었음을 발견한다.[52]

이 시기에 연구자가 창작한 시들은 감정, 상처, 그리고 회복의 흔적이 고스란히 스며 있는 작품들이다. 「안목항에서 카푸치노를」은 단순한 상처의 표출을 넘어서, 상처의 근원을 탐구하고 감정이 반복되는 심리적 구조에 대한 깊은 성찰을 담고 있다.

초기 시기에는 감정의 분출이 창작의 주요 동기였으나, 이 시기부터는 왜 그런 감정이 발생했는지, 그리고 그것이 연구자의 삶에서 어떤 의미를 갖는지를 탐구하는 방향으로 시 창작의 성격이 변화하였다. 이는 단순한 자기 표현을 넘어, 자기 인식과 자아 확장으로 나아가는 과정이었다. 또한, 이 변화는 타자와 자신 사이의 경계에도 긍정적인 영향을 미쳤다. 과거에는 상처로 인해 타자를 경계하거나 배척하는 경향이 강했다면, 이제는 타인의 존재를 보다 부드럽게 수용하고, 상처를 통해 성장할 수 있다는 가능성을 인식하게 되었다.

이러한 확장은 융의 분석심리학에서 말하는 무의식적 내용의 의식화와, 자기(Self)를 향한 통합적 발달 과정과도 상응한다. 시 쓰기는 연구자에게 있어 감정의 단순한 해소를 넘어, 감정의 근원을 탐색하

---

52 김명래, 「안목항에서 카푸치노를 2」, 위의 책. 76쪽.

고 자기 존재를 보다 깊이 이해하는 통로가 되어주었다.

융(C. G. Jung)이 말한 '개성화(individuation)'는 자아(ego)와 무의식의 다양한 측면(그림자, 아니마 · 아니무스, 자기 Self 등)을 통합하여 개인의 전체성과 진정한 자기를 실현해가는 심리적 성장 과정이다. 이는 단순한 자아 강화가 아니라, 무의식의 억압된 요소들과의 대면을 통해 더 넓은 자기(self)로 통합되는 실존적 여정으로 이해된다. 본 연구자의 시 쓰기 과정은 무의식 속 감정과 상처를 상징적 언어로 표현하고, 이를 반복적으로 성찰하며 자아를 통합해 가는 개성화의 구체적 실천으로 해석될 수 있다.

본 연구자가 이전에 발표한 시들 또한 심사 과정에서 "정확한 문제의식과 시적 제언이 지역성과 자연스럽게 결합되었다"는 평을 받은 바 있으며[53], 이는 자전적 시 쓰기가 개인 감정에 머물지 않고 사회적 · 상징적 층위로 확장될 수 있음을 뒷받침해준다. 따라서 본 연구에서도 시의 해석을 연구자 개인의 정서 표출로 한정하지 않고, 시치료 이론의 감정 상징화 개념 및 외부 평가 사례를 바탕으로 해석의 타당성과 확장 가능성을 확보하고자 하였다.

3.7. 감정 수용과 존재 통합의 시적 전환

이 시기, 연구자는 시를 통해 자기 존재를 탐색하며 감정의 조율을 시도하고 있었다. 초기에는 감정의 분출을 통해 상처를 드러내려

---

53 박호영, 「정체성을 지닌 '강릉'의 발견」, 위의 책, 62~63쪽.

했으나, 이제는 감정의 근원을 탐구하고, 그 감정이 자기 삶에서 지니는 의미를 성찰하는 방향으로 나아가고 있었다. 같은 시기에 창작된 「안반데기에서 별을 노래하다」, 「경포호」, 「신복사지 삼층석탑」 등은 자연을 단순한 배경이 아니라 내면을 비추는 거울로 삼아, 말로 다 표현할 수 없는 복합적인 감정을 은유적으로 표현하고 있다.[54] 자연은 연구자의 상실, 침묵, 질문을 투영하는 매개체가 되었으며, 감정은 자연과 어우러지며 재구성되고 치유되었다.

연구자는 더 이상 날것의 울음을 쏟아내는 데 그치지 않고, 그 울음이 생긴 이유를 탐구하고 시적 언어로 풀어내는 방법을 익혀 나갔다. 감정을 직면하고 의미화하는 과정을 통해, 연구자는 시 쓰기를 감정 해소의 도구가 아닌, 자기 존재를 이해하고 통합하는 실천으로 확장시켰다.

신복사지 삼층석탑

한 생애를 싣고 아득히 먼 길을 걸어 나왔다
…(중략)…
신복사지 삼층석탑의 손끝이
햇살 아래 제 몸피를 드러낸다
긴 역사의 숨소리를 차곡차곡 새겨 나간다

---

[54] 김명래, 「안반데기에서 별을 노래하다」, 위의 책, 79쪽; 김명래, 「경포호」, 위의 책, 77쪽; 김명래, 「신복사지 삼층석탑」, 위의 책, 78쪽(이 세 작품은 모두 강릉문학작가상을 수상한 작품임).

두 눈을 감고 염주알을 헤아리면서[55]

　이 시기 연구자의 시들은 감정의 수용, 상처의 이해, 존재의 사유가 하나로 어우러진 문학치료적 통합의 결과물로 볼 수 있다. 시는 단순한 감정 발산을 넘어, 상처를 이해하고, 감정을 조율하며, 존재를 수용하는 과정으로 진화하였다. 이는 치유의 종결이 아닌, 성숙과 확장의 지표였다.
　본 연구자에게 시 쓰기는 단순한 표현을 넘어, 감정과 정체성을 통합하고, 내면의 파편을 구조화하며, 삶의 의미를 발견하는 존재론적 작업으로 자리매김하였다. 연구자는 인문치료적 여정을 통해, 시가 감정의 해방구이자 존재의 거울로 작용함을 경험하였다. 상처를 말할 수 있게 되었고, 그 상처를 감싸 안으며 자기 이해의 깊이를 확장할 수 있었다.
　결국, 시 쓰기는 연구자에게 삶의 이정표이자 새로운 정체성의 형식이 되었다. 이는 인문치료가 지향하는 심리적, 정서적, 사회적 통합의 과정과 일치한다. 석사과정 동안 연구자는 시 쓰기를 통해 내면의 상처를 직면하고, 감정을 형상화하며, 관계를 재구성하고 존재를 성찰하는 치유적 변화를 점진적이고 누적적으로 이끌어 냈다.
　궁극적으로 시는 연구자의 삶을 살아가는 언어가 되었으며, 존재의 버팀목이 되었다. 시를 통해 자신을 다시 말할 수 있게 되었고,

---

55　김명래,「신복사지 삼층석탑」, 위의 책, 78쪽(강릉문학작가상 수상작).

감정을 표현하며 상처를 다독이는 힘을 얻게 되었다. 이제 연구자는 자신의 시가 누군가에게 먼저 닿아 공명할 수 있음을, 그리고 그 울림이 더 멀리까지 퍼질 수 있음을 자각하게 되었다.

이러한 시 쓰기 과정은 연구자의 일상에도 구체적인 변화를 가져왔다. 감정을 즉각적으로 분출하기보다 언어로 정리한 후 전달하려는 태도가 생겼고, 타인의 감정에도 이전보다 민감하게 반응하게 되었다. 인간관계에서는 대화가 단절되기보다 이해와 재해석이 가능하다는 믿음을 갖게 되었으며, 혼자만의 감정에 갇히기보다 타인과 공유하며 소통하려는 실천이 늘어났다.

IV. 결론

본 연구는 시 쓰기를 통해 무의식의 감정과 상처를 상징적 언어로 형상화하고, 자기 인식과 자아 통합, 정서 조절 및 사회적 회복으로 나아가는 내면의 치유 과정을 자전적 시 창작 사례를 중심으로 고찰하였다. 융의 분석심리학을 이론적 틀로 삼고, 자기서사 기반 질적 연구 방법을 통해 시 쓰기의 인문치료적 효용을 심층적으로 분석하였다.

시 창작은 억눌린 감정과 미해결된 기억을 상징화하여 의식화하는 창조적 표현 활동으로, 창작자는 언어를 통해 내면의 세계를 외화하고 통찰하는 과정을 경험하게 된다. 특히 동일시 구조로 인해 억압되었던 자아는 시 쓰기를 통해 해체와 재구성의 계기를 맞이하며, 이는 융이 말한 개성화(individuation)의 실천적 통로가 된다. 시는 창작자 내면의 상처를 감싸 안는 정서적 안전지대를 제공하며, 언어를 통해 자기 감정을 거리 두고 재해석하게 한다.

본 연구자는 인문치료학과에서 석사 4학기 동안 시 쓰기를 통해 정체성 혼란, 감정 억압, 관계의 어려움 등 심리적 고통을 언어화하고, 시기별로 점진적인 내면의 변화를 경험하였다. 초기 시기에는 무기력, 자기 비난, 불안을 강렬한 이미지로 표출하였고, 중기에는 가족 원형과 정체성 형성의 근원을 탐색하며, 후기에는 자연과의 조화와 관조적 태도를 바탕으로 통합적 치유의 모습을 시를 통해 표현하였다. 이와 같은 변화를 통해 시 쓰기가 단순한 감정 배출을 넘어 자기 인식, 자기 효능감, 관계 회복으로 확장되는 과정임을 확인할 수 있었다.

첫째, 시 쓰기는 자아 분화와 정체성 회복을 가능케 하였다. 어머니와의 무의식적 동일시 구조를 시적 상징으로 해체하며, 창작자는 억눌렸던 자아의 목소리를 회복하고 자기 존재의 실체를 명료하게 인식하였다. 이는 감정의 언어화를 통한 자기 통합의 실천 과정으로, 융 심리학의 개성화 개념과 밀접히 연결된다.

둘째, 시 쓰기는 감정 조절과 자기 효능감 회복의 실질적 도구로 작용하였다. 억눌린 감정을 반복적으로 언어화하는 과정을 통해 창작자는 감정에 대한 통제력을 획득하였고, 이를 바탕으로 삶의 태도 변화와 사회적 관계의 회복을 경험하였다. 시 쓰기는 창작자에게 능동적 자아로의 전환을 이끌어내며, 정서 조절의 기제를 제공하는 문학 기반 인문치료의 가능성을 입증하였다.

셋째, 시 쓰기는 인문치료의 핵심 원리인 감정 인식, 자기 성찰, 의미 구성의 과정을 고스란히 담고 있으며, 문학 창작이 치유의 한 방식이 될 수 있음을 보여준다. 자전적 시 쓰기는 과거의 상처를 재서사화하고, 내면을 통합하며, 존재에 대한 긍정적 해석을 가능케 하였다. 이는 문학 기반 심리치료, 표현예술치료, 인문치료 전반에서 시 쓰기를 중요한 중재 도구로 실제 현장에 적용할 수 있는 이론적 정당성과 실천적 근거를 제공한다.

결론적으로, 시 쓰기는 단절된 자아의 회복, 감정의 통합, 사회적 관계의 확장을 유도하는 인문치료적 실천으로 기능하며, 자기 표현과 성찰을 통해 개인의 내면을 심층적으로 이해하고 치유할 수 있는 유의미한 방법론임을 본 연구는 보여주었다. 향후 시 쓰기를 기반으로 한 치유 프로그램의 개발과 다양한 대상 집단에 대한 적용을 통해, 시 쓰기의 인문치료적 활용 범위를 더욱 넓혀 나갈 수 있을 것이다.

본 연구는 연구자 자신의 시 쓰기 경험을 중심으로 한 자전적 질적 사례 연구이므로, 그 결과를 일반화하는 데 일정한 한계가 있다. 연구자의 주관적 해석이 개입되었기에 객관적 검증에도 제약이 따름을 인정한다. 그러나 이러한 자기 성찰적 사례는 시 쓰기를 통한 감정 언어화와 자아 통합의 실제 과정을 구체적으로 조망할 수 있다는 점에서 유의미하다. 향후에는 다양한 연령이나 배경을 가진 참여

자들을 포함한 집단 기반의 사례 연구나 비교 연구를 통해 본 연구의 함의를 확장할 수 있을 것이다.

참고문헌

(1) 단행본

강원대학교 인문과학연구소, 『인문치료』, 강원:강원대학교 출판부, 2009.

강원대학교 인문과학연구소, 『인문치료의 이론과 원리』, 춘천:도서출판 산책, 2011.

강원대학교 인문과학연구소, 『인문치료의 이해』, 서울:한국문화사, 2017.

골드버그, N., 『뼛속까지 내려가서 써라』, 권진웅 역, 서울:한문화, 2003.

권성훈, 『시치료의 이론과 실제』, 서울:시그마프레스, 2011.

김명래 외, 『제39회 달구벌문학상 수상작품집』, 대구:대구문인협회, 2020.

노드비, V.·캘빈 홀, 『융 심리학 입문』, 이현숙 역, 서울:스마트북, 2015.

마짜, N, 『시치료:이론과 실제』, 김현희 외 역, 서울:학지사, 2005.

박호영, 「정체성과 함께 발견한 '강릉'」, 『강릉문학』 제12호, 강릉문인협회, 2022.

서경숙, 『분석심리학에 기초한 시치료의 이론과 실제』, 서울:한들출판사, 2012.

셀, C., 『치유되지 않는 상처』, 정동섭·최민희 역, 서울:두란노, 1992.

영등포구·구상기념사업회, 『제11회 구상 한강 백일장 수상작품집』, 2022.

유건상, 『인문치료와 시:시는 어떻게 마음을 치유하는가』, 춘천:산책출판사, 2017.

융, C. G., 『인간과 상징』, 이부영 역, 서울:집문당, 1984.

융, C. G., 『그림자:마음속 어두운 환상』, 이부영 역, 파주:한길사, 2002.

이민용, 『스토리텔링 치료』, 서울:학지사, 2017.

이부영, 『분석심리학』(3판), 서울:일조각, 2021.

페네베이커, J. W.·에반스, J. F., 『치유를 위한 글쓰기』, 이봉희 역, 서울:엑스

북스, 2017.

펙, M. S., 『아직도 가야 할 길』, 이재석 역, 서울:율리시즈, 2011.

(2) 학술논문

김시원, 「시 쓰기의 치료적 효과:수페르비엘 사례」, 『문학치료연구』 제44호, 2017, 98~106쪽.

김아영·차정은·이다솜·임인혜·탁하얀·송윤아, 「부모의 자율성 지지가 초등학생의 자기조절학습효능감에 미치는 영향:자기결정동기의 매개효과」, 『교육학연구』 제35권 4호, 2008, 3~24쪽.

김혜지 외, 「자기효능감, 대인관계 기술, 감정표현 곤란이 타인에 대한 초기 인식에 미치는 영향」, 『한국상담학회지』 제20권 1호, 2012, 1~20쪽.

이송희, 「그림과 시를 활용한 자화상 쓰기」, 『국제어문』 제90호, 2021, 581~604쪽.

이옥연·진은영, 「문학상담 집단 프로그램에서 시 쓰기 체험의 가치에 대한 연구」, 『문화예술교육연구』 제19권 2호, 2024, 63~101쪽.

이임영, 「자기효능감 이해를 통한 인간 욕구 및 행동 연구」, 『경영교육논총』 제55호, 2009, 221~247쪽.

정기철, 「관계와 자아성장을 위한 글쓰기:용서」, 『한국문예창작』 제22권 1호, 2023, 164~167쪽.

정한기, 「시 쓰기의 효과에 대한 연구」, 『국어문학』 제84호, 2023, 480쪽.

통일인문학 편집위원회, 「현대시 읽기를 통한 문학적 상상력의 자아효능감에 미치는 영향」, 『통일인문학』 제80호, 2019, 224쪽.

제2부

감정의 언어를 찾아서

1부의 논문과 함께 발표되었던 시 16편을 수록한다.

잿빛 날개

날개의 길목 끊어진 지 오래
헝클어져 내린 머리칼
그늘과 그늘이 만들어놓은 짧은 그림자
목적지를 잃어버린 듯
새어나간 비밀을 찾는다
한 발짝 한 발짝 멀어져가는 저녁놀
눈길 받지 않으려 애쓰는 빛과 빛
소리 잃은 경계의 길, 발자국 풀려 나간다
찢어진 깃털이라도 팔 수 있다면
놓여날 권리를 잊어버린 그림자
기울어진 햇덩이 안에 날개를 숨긴다
눈을 감는다, 덤벼드는 부나방
도망가는 빛, 꿈꾸지 않는 나뭇잎
먼 나라로 밀려나는 신기루
제풀에 지친 발걸음, 쏘아보는 빈손, 축 처진 어깨
다시, 해가 떠 있는 마을을 찾아 헤매야 한다
탱자나무 아래 목소리를 끊어내면서
붉은 벽돌 잡고 울타리를 찍어 누르면서

침묵의 말

보이는 곳으로,
손 끝을 자극하며 달려오는
눈먼 자의 기도문을 읽는다

들리는 곳으로,
발 끝을 파도치며 매달리는
귀 먼 자의 둥근 침묵을 뼈에 새긴다

텅 빈 하늘에
달아 오르는 긴- 얼굴 우러러
붉은 기도문에 밑줄 그을 수 없어

노을 삼킨 목젖에
끓어오르는 혓바늘 붙들고
입술 닫은 둥근 침묵의 방에 박음질할 수 없어

보이는 대로, 들리는 대로, 있는 그대로
녹슨 말[言]은 죄가 되고
삿된 태도는 구름이 된다

기억

깨물면 뭉텅뭉텅 빠지는 금들이 있다 순서대로 빠지지 않는다 한 번 빠지면 아귀가 맞지 않는 금
　채워 넣을 수 없다

더럽혀지지 않는 기억 아늑하지 않다 막연해서 너무나 막연해서 소리로 지워보려 해도 지워지지 않는 기억일 뿐

삼키면 뭉텅쿵텅 씹히는 금들이 있다 계획대로 씹히지 않는다 한 번 씹히면 아귀가 맞지 않는 금
　뱉어낼 수 없다

지워지지 않는 기억 부서질 리 없다 막연해서 너무나 막연해서 안개로 부서뜨리려 해도 부서지지 않는 기억일 뿐

잊으려 해도 잊어버리려 해도 잊혀질 권리를 주려 해도 처음부터 순서가 맞지 않았으므로 더럽혀지지 않았으므로
　지워지지 않았다

　기억
　기억은 그랬다

행간의 숲

저물도록 경계를 지워 나갔다
더 이상 지워 나갈 수 없을 때까지
길이 끝나는 곳에 경계가 세워지고
길이 사라지는 곳에 또 하나의 경계가 생긴다
시간은 내게 그 어떤 질문도 아니하고
시간은 내게 그 어떤 답변도 요구하지 않는다
저 홀로 길을 묻고
저 홀로 지워져가는 길을 따르라 한다
숯보다 까만 음성으로 속을 태우던 시간들
변명처럼 들려오는 내 안의 칼날 같은 선의 끝이 숨을 멎고
일순간 먹빛으로 쏟아져 사금파리처럼 날아오른다
파도처럼 부서져 일별을 고할 시간도 없이 사위어간다
너는 언제나
거기 그곳 그 자리에 우두커니 서 있었다
석탑처럼 꼿꼿하게 서 있었다
폭풍 같은 내 심장에는 오늘도 장대비가 내린다
빈 깡통 같은 마음을 다독이다가 멍이 들도록 두드려본다
팔월의 태양이 벌겋게 달궈놓은 콘크리트 바닥에 피어나는 아지랑이

그 속으로 바퀴 하나 지나갈 때마다 뜨겁게 달아오르는 신음 소리
흑사병에 걸린 듯 검어져가는 너의 살갗이 붉게 녹아내리도록
비어버린 내 눈동자를 네가 읽어 내려갈 수 없도록
동이 터 오고
휴일이 지나가고
땀에 젖은 달력의 낱장들이 파편처럼 튀어 오른다
용광로 속으로 뛰어내린다

문패

뜬눈으로 붉은 창을 맞이했습니다
저물녘 강물에 그림자 하나 담그어놓고
달빛에 목이 감길 즈음
출렁이는 눈꽃을 바라보다가
절뚝이고 있을 것만 같은 눈꺼풀 속의 발자국
마른기침으로 다다르는 길 위에서
가느다란 슬픔으로 궤도를 돌듯 우묵한 중심에 주저앉아
투욱 부서져 내리는 운석을 바라보면서
심장 한쪽은 대지의 여신에게 내어줍니다
사랑, 그 맹렬한 스모그의 입구는 잠시 막아놓겠습니다
에움길 위에 불시착한 당신의 모서리가 미끄러져 옷자락에 휘감길 때
좌표를 잃어갈 때
달빛은 어둠에 덮여 외마디 소리를 냅니다
몇 세기를 번역해도 감각 잃은
새끼손가락에서는 신음 소리가 나겠지요
자리를 찾지 못해 끊어진 어깨 쪽 인대에서는
십자드라이버로 돌려도 열리지 않을 단단한 어조가
나직이 바람 소리를 냅니다

달력에 동그라미를 치며 당신의 얼굴과 그림자를 그려 넣습니다
여전히 잠들어 있는 소파에 걸터앉아
끊어진 인대를 바라보며
엄지손가락에 묻어 있는 문패를
지팡이처럼 끌어안습니다
환한 새 길을 열듯이

지느러미에게

물속에 잠겨 있는 나는 아직 눈을 뜨지 못한다
겹겹이 밀려오는 푸른 눈꺼풀의 떨림을 온몸에 기록하면서
꽃잎 끝에 매달려 있는 자벌레에게
강물의 수심에 대하여
물살의 속도에 대하여 아는지 물으려다
나는 그만
지나온 발자국보다 길어진 그림자 하나 띄워놓고
떠가는 구름을 바라보며 눕는다
발아래 세상이 궁금한 구름은
물속에 비친 자기 얼굴을 바라보며 무슨 생각을 할까
나는 잠시 궁금해진다
거울 속에 담겨져 있는 제 얼굴을 들여다보며
강물 속 마디를 끊어내는 일에 대하여
물살의 속도에 궤도를 새겨 넣는 일에 대하여 정의를 내리려다
고개를 떨구고 있지 않을런지 자못 궁금해진다
바람이 몹시 부는 날
마른 잎사귀 끝에 매달려 있는 자벌레 한 마리가
물속으로 떨어지기라도 한다면 숨 쉬는 법을 알려줄 수는 있는지
또 한 번 궁금해진다

물속을 헤엄치던 물고기의 지느러미에서 연기가 피어오른다
내 주름진 옆구리에서는 각질이 피어난다
지느러미 하나 돋는다 아직 비린내는 나지 않는다
굴절된 바람과 와해된 기억으로 변주된 유월의 한낮
정오의 햇살이 나른한 지느러미 속으로 기다랗게 파고든다
그림자가 검게 그을린다
절뚝, 절뚝이는 그림자
그림자는 말이 없다
절름발이가 된 그림자 사이로 구름이 낮게 흐르고
송곳처럼 튀어 오른 내 갈비뼈의 사이사이마다
아직 채 여물지 못한 물혹들이 하나 둘씩 싹트기 시작한다
저문 날
석양을 등지고 피어오르던 별꽃 같은 허영심이 미로 속에 똬리를 튼다
눈꺼풀 적시며 가슴을 후벼 파던 바람 같은 날들의 발자취
롤러코스터 안에서 후렴처럼 반복되던 흐린 날의 부스러기
바람이 훑는다
온몸을 지우며 간다

귀뚜라미

오늘 밤
귀뚜라미가
수평선처럼 먼 울음을 우는 것은
어제까지 살아 있었던
제 그림자를 지워보려는 것이다
왜 그런 날이 있지 않은가
뚜껑을 찾지 못해 냄비에 햇밤을 넣고 그냥 삶는데
창문 위쪽부터 고여 들어 흘러내리는 수증기가
안타까운 날 말이다
아직,
저 멀리까지 보내지 못한 너의 이름을
비누 거품 같은 맹세들을
원형의 시간으로 굴려보았을 뿐인데
오아시스는 흘러내리고 없다
멍든 가슴에서 피멍 든 바퀴 하나
습관처럼 사슬처럼 꺼내놓고 보니
먼 길 돌아와 앉은
내 그림자를 차마 똑바로 볼 수가 없다
거울 앞에 서서 곁눈질하다

내 눈길에 마주 선 거기 낯선 얼굴 하나
순간
울음을 멈추고
긴 적멸의 시간으로 가는 귀뚜라미에게
왜 그리 울었느냐고
울어서
속은 후련해졌느냐고
묻고 싶어지는 것이다

색을 밀어내다

가끔, 그런 날들이 있습니다
틀을 지우지 않고 형식까지 그대로 두고 싶은 충동
육탈된 뼈 사이로 문장이 흘러나가면 문을 닫습니다
대화가 사라집니다
시간이 삭제됩니다
공간도 사라집니다
흔적조차 남지 않은 곳에 인공 눈이 내립니다
일정한 속도와 각도로 내리는 사이버 눈발 사이로
흘러내리는 웃음소리와 녹아내리는 울음소리가 돌아 나갑니다
번지며 옅어져갑니다
식물성 날개를 달고 아무도 모르게 걸어 나갑니다
허공으로 색을 밀어냅니다
소리나는 쪽을 돌아봅니다
아무도 없습니다
두드리고 또 두드립니다
걷고 또 걷습니다
계절 속에 스미는 발자국을 지워냅니다
남아도는 것은 오체투지
그 펜촉의 울음소리뿐

샛강

피고 진 발자국들이 주술처럼 멀어져가는 저녁
산새 한 마리 긴 시간의 울음을 안고 날아돈다
빈 몸으로 앉아 무릎을 세우고 멍하니 귀를 열면
돋아나는 가시를 안고 단추를 풀어놓던 어머니의 강
풀잎 끝에 쌓인 울음이 꽃잎을 모을 때마다
숨은 빗방울로 일기를 쓰던 어머니의 굽은 시간들
무너지기 쉬운 별자리들이 사라질 때마다
먼 산의 울음소리 능선 타고 넘어와
나비의 적막한 등에 업히는데
벼랑 속을 걷듯 주름을 늘어놓는데
거친 발자국 소리에 부서져가는 별빛 안고
툭툭 떨어져가는 나이테 속으로
바람 한 점 풀어놓으며 돌아서는 물살
샛강의 뒷면은 늘 빈칸
빈칸으로 머무는 옆구리마다 쌓여가는 달빛을 털어내며
느릿느릿 걸어가는 네모진 시간들 사이로 그림자 하나 묻어간다
꿈속인 듯 흩어져가는 자리로 붉게 물들어가는 파열음
울음은 섬이 되고
뼈마디 타고 흐르는 소리 흩어져간다

문장의 지도를 찾다

달의 문이 그려놓은
렌즈의 방아쇠를 잡아당겼다

당길수록
그림자를 덜어내는 달의 손

손은
거품 같은 길을 뱉어놓는다

렌즈의 흰 목덜미에서
푸른 길들이 지워져 나간다

날카로운 더듬이 하나 눈알을 덮는다

이제,
너를 향한 고백들이

달무리 속에서 부서져가는 고백의 주소가
붉은 길 지나

먼 기억의 길어진 혀 하나
뽑아놓는다

날아오르다

박제된 울음 하나
달빛 속으로 걸어 들어간다

소리에 생각이 쌓이니
징검다리 하나 둘 돋아나고

탑처럼 높아져 간다
꼬리 무는 생각들

출렁이는 허물에
걸터 앉는 산 그림자
어깨를 들썩이며
어둠을 채워 넣는다

칠 년 공백의 사슬
끊어보려 애쓰는 메아리

잠들지 못하는
녹슨 달빛 속으로

긴 울음을 끌고 간다

푸드득, 푸드득 날아 오르는 메아리

뚜벅뚜벅
산문으로 걸어 들어간다

안목항에서 카푸치노를 1

검은 물결 위로
융단 같은 거품이 앉아 있다
거품 아래 펼쳐지는 꿈길 사이로
햇살은 그림을 그리고
노을은 기억으로 살아난다
기억은 어제를 투명하게 살아낸 자의 몫이다
어제에 취한
노을 저편의 시간이 자음과 모음으로 돋아나
테이블 위
푸른 잔 속에서 문장으로 번역되는 오후
울어본 적 없는 얼굴이
바람 불지 않는 모습으로
꽃잎처럼 피어나 앉아 있다

안목항에서 카푸치노를 2

언제였던가
이곳에서 푸른 잔 속으로 흐르는 문장을 입안 가득 베어 물었었다
흔들리는 잎새 사이로 바람이 일듯 혀끝 가득 다가오던 구름의 맛
너는,
네 몸에 번지는 향기를 외워달라고 내게 주문했었다
곧게 선 나무이지 않아도 된다고
바람에 누워 금방 일어나지 못하는 풀잎이어도 괜찮다고
아픔에 가 닿더라도 한 마리 새처럼 앉아 있다가 날아오르면 되는 거라고
너는 말했었다
나는 이곳에서 너를 앞에 두고
또 하나의 검은 내 발자국이 바람에 몸 기대고 오해로 돌아섰던
내 영혼의 꽃잎을 살펴보고 있었음을 발견한다

안반데기에서, 별을 노래하다

밭둑에 누워 별을 바라본다
별을 헤아리며 너의 눈빛을 생각한다
너의 눈빛을 생각하다 너의 눈물을 본다
또르르 굴러 내리는 멍울 하나 가슴에 담아놓으려다
빗물 속으로 매몰차게 던져버린다
나는 네 발자국이 그어진 길을 따라 걷다가
너의 음성이 들려오면 뒤 귀를 손바닥으로 막고
고흐의 잘려진 귀를 생각한다
잘려진 귀에서도 파도 소리가 들려올까
천 개의 눈으로 밥알을 세는 동안 메마른 소라 껍질에서는
간혹 파도 소리가 났다
이미 잘려나간 너의 귀와 나의 귀
바람은 달팽이관이 품고 있는 마지막 소리마저 빼앗아 달아나고
뜨거운 여름 한낮 철판을 긁는 듯한 매미 소리만
쩌렁쩌렁 울려 퍼져 나갈 것이다
그늘이 짙어지자,
생각지도 않은 너의 입속 글자들은
잘려나간 귓속의 소리를 더 이상 들을 수 없게 하고
모래알보다 많은 시간 동안

너를 쓰고 지우며
너를 피어나게 하고 다시 지게 한다
시간은 그런 나의 귀를 물끄러미 바라만 보고 있었다

경포호

중력 너머,
감출 수 없는 꽃의 속도로 날아오르는
잠자리 몇 마리
허공 속,
한 점 먹물 되어 번져 나간다

빗금,
한 둑[堤] 새어 나간다
갈라진 틈 사이로 부러진 날개 불사른다

젖지 않는 지점에서 울리는 알 수 없는 울음소리
발자국 하나 지우며 간다
맨 처음 밟은 발자국보다 빛나는 눈동자 속에
울음을 삼킨다
꽃물처럼 잠겨 든다

낮은 삶 속으로 걸어 들어가는 저물녘,
푸른 안부 물으며
터질 듯 펄럭이는 경포호

내 생의 이정표 같은 물방울 하나
툭, 백로 깃으로 날아오른다

신복사지 삼층석탑

한 생애를 싣고 아득히 먼 길을 걸어 나왔다
수평의 갈피마다 새겨진 발자국을 따라
지워져가는 그림자를 이음새마다 새겨 넣으며
얼룩진 시간을 온몸으로 견뎌왔다
아직 들을 말이 남아 있다는 듯
여백 섞인 푸른 귓바퀴를 지긋이 누르면서
지나는 적요를 불러 세워 귓불을 씻는다
비 내리는 시간을 온몸으로 견뎌낸
신복사지 삼층석탑의 손끝이
햇살 아래 제 몸피를 드러낸다
긴 역사의 숨소리를 차곡차곡 새겨 나간다
두 눈을 감고 염주알을 헤아리면서

제3부

치유의 언어들

길 위에서 쓰여진 시 24편으로
억압기의 고요, 상징화의 빛, 전이와 통합의
경계에서 태어난 시편들이다

감정은 늘 직선으로 흐르지 않았다.

고통의 말도, 치유의 말도 단 한 방향으로만 가지 않았다. 끝났다고 여겼던 아픔이 불쑥 다시 찾아오기도 했고, 이미 지나간 기억이 지금의 마음을 덮쳐 오기도 했다. 어떤 시는 최근에 쓴 것인데 오래된 상처를 건드렸고, 어떤 시는 오래전에 쓴 것인데 지금의 나와 여전히 이어져 있었다. 나는 그 어긋남과 되돌림이 오히려 더 진실에 가까운 모습이라고 느낀다.

사람은 통합을 향해 나아가지만, 그 길은 단순하지 않다. 매끄럽게 이어지는 것 같다가도, 흔들리고, 멈추고, 자꾸 미끄러진다. 이 장에 담긴 시들은 그런 흔들림의 기록이다. 유년의 상처가 성인의 언어로 다시 불려 나오기도 하고, 끝났다고 여겼던 불안이 다른 이름으로 되살아나기도 했다. 말하지 못했던 감정은 침묵 속에 오래 머물다가 어느 날 시라는 틈을 통해 불쑥 흘러나왔다.

나는 시를 쓰며 되묻곤 했다. 그때 나는 어디에 있었는가. 지금 나는 어디쯤 와 있는가.

치유란 망각이 아니라, 다시 꺼내어 말해보는 일이라는 걸 알게 되었다. 온전히 담아내지 못한다 해도, 흘러나온 말들이 결국 나를 여기까지 살아오게 했다. 그래서 이제는 침묵에만 머무르지 않으려 한다. 조금이라도 말하려는 쪽으로, 비록 흔들리더라도 서보려 한다.

여기에 실린 시들은 특정한 시점만을 붙잡은 것이 아니다. 쓰여진 순간과 드러난 순간은 늘 어긋나거나, 교차하거나, 흔적만 남았다. 완결된 기록이라기보다는, 흔들리며 지나온 발자취다.

1

고백은 쉽지 않았다.

말은 입술 끝까지 차올랐다가, 언제나 다시 삼켜졌다.
누구에게든 말하고 싶었지만 끝내 흘러가지 못한 감정들은
그 때문에 더 깊이 가라앉았다.
나는 그 눌린 마음들을 오래 품고 있었다.
그러다 시라는 틈을 통해서만 겨우 흘려보낼 수 있었다.
고백하고 싶어서 쓴 게 아니었다.
고백하지 못한 말들이 스스로 흘러나온 것에 가까웠다.
그 시절의 시들은 모두 억눌림 속에서 태어났다.
직접 말하지 않아서 오히려 더 절실했고,
겉으로 드러나지 않아서 더 선명했다.
자아와 타인의 흔적을 지우려 했지만 지워지지 않았고,

상처는 말 대신 상징으로 번져 나갔다.

어떤 시는 이슬처럼 맑아 보였지만 사실은 무겁게 가라앉은 말들이었고,

어떤 시는 아버지의 그림자나 오래된 우물처럼

도무지 벗어나지 못한 기억의 껍질이었다.

그때의 나는 아직 '말하는 사람'이 아니었다.

다만 침묵 속에서 스스로를 바라보는 사람,

고백의 문턱 앞에서 맴도는 사람이었다.

그러다 시간이 지나 알게 되었다.

'말하지 못함'조차 하나의 언어가 된다는 것을.

고백하지 못한 그 자리에서,

나는 처음으로 나 자신을 마주하게 되었다.

만남

그림자 길게 늘어선
그 행간의 끝에서
멍들은 너의 흔적 따라 걸어왔다
느릿느릿 발자국 소리가
축배를 드는 밤
따가운 햇살이 나의 볼을 삼킬 듯 움켜쥐고
너는 그 어느 하늘 아래선가
뜨거운 햇살을 주름진 얼굴 가득 마시며 하루를 세었다
녹슨 점선 아래 서 있는
너와 나의 흔적들
지워보려 애쓰지만
태워보려 애쓰지만
나이테 위의 흔적은 더 깊어지고
뿌려진 얼룩은 춤을 춘다
길 위에 바람이 지나간다
뾰족한 지붕 아래 드리워진 내 안의 더께들
무릎을 아무리 비벼보아도
무릎을 아무리 세워보아도
덧대려 하면 할수록 멀어져가는

(감정 억압기) (고백의 서사)

너와 나의 자화상

산다는 건

늘 그래왔듯 평행선을 긋는 일

바람 따라 흔들리며

우는 너의 행적 바라보는 일

구부러질 수 없는 너의 모습 바라보는 일

그렇게 바라보는 일

그렇게 눈 감는 일

(2018 동해 무릉제 장원)

바다를 바라보았다.

어떤 기억을 애써 지우려 했던 것일까. 불태우듯 잊고 싶었는데, 이상하게도 더 선명하게 남아도는 것들이 있다. 그래서 결국 그 무력감이 시가 되기도 한다. 마지막 구절의 '그렇게 바라보는 일 / 그렇게 눈 감는 일'은, 내가 버리지 못하고 붙잡고 있던 단절의 감정을 드러낸다.

치유의 언어들

갈대

눈알을 굴려보았다
눈동자 끝에서 부리가 돋았다
조금씩 돋아나는 날개의 형상
초록을 머금고 있다
어느 새 향기로 얼룩진다
고깔은 구름을 찌른다
구름은 눈동자가 없었다
앙다문 눈썹들 구름을 헤아린다
텅 빈 눈알을 지긋이 눌러보는 갈대
부풀어 오른다
울음의 끝
칼날 같은 순간을 기억하며
투둑
솔방울 떨어지는 소리 듣는다
연못으로 던져지는 깃털들
뼬 속으로 파고드는 눈동자
먼 나무의 어깨를 적시며
움켜쥔 시간들이
또 한 번 폭풍 같은 부재로 다가선다

상징화기 감정의 전이와 상징화

빛 아래 밟혀온 시간
문 밖을 서성인다
저 홀로 길을 묻는 수천의 물결
길이 된다

(2019 교산 허균 백일장 장원)

파도가 치고 있었다.

그러나 그 파도에 감정을 직접 실어 보낼 준비는 되어 있지 않았다. 대신 눈동자와 구름, 갈대 같은 상징들 속에 감정을 밀어 넣듯 적어 내려갔다. 마지막에 '길이 된다'고 쓴 것은, 상처 속에서도 어쩌면 다른 길을 찾고 싶었던 마음이었는지도 모른다.

치유의 언어들

길

압정 같은 달빛이 세차게 내리꽂히던 그 밤
나는 길을 걸었어
걷다가 저 멀리 풀숲에서
경계의 선을 늦추지 않는 너의 싸늘함에
집어등 같은 불빛이 오소소 돋아났어
순간 멀미가 났어
스무 날 전에 먹은 마알간 내음까지
비릿하게 쏟아지고 난 후에야
말간 창이 드러났지
얼마만큼 물기를 닦아내면 갈비뼈에서 사금파리 같은 조각 비늘들이 돋아날까
한 올의 실밥을 물어뜯는 너에게 나는 차마 말을 걸 수 없었어
산다는 건
때때로 편서풍이 불어오는 골목 끝, 그 어귀
막다른 계단 입구에서
비린 내 눈알이 반짝일 때까지
멍울 속으로 걸어 들어가
내 안의 희뿌연 창을 만나는 일이 아닐까 싶어

(2019 충주 사과 백일장 차하)

감정 전이기 → 상징화기   내면과의 대면

─────── 사과가 놓여 있었다.

다시 보아도 여전히 사과였다. 사과 같은 감정을 그대로 드러내지 못하고 파편 같은 이미지들이 튀어 올랐다. 달빛, 갈비뼈, 눈알 같은 낯선 장면들은 사실 내 안의 혼란을 말하고 싶었던 방식이었다. 결국 '길'이라는 상징 속에서 나는 타인의 싸늘함과 내 안의 고통을 함께 마주하고 있었다.

생의 노래 · 방충망, 이슬 품어내다

맞닿은 줄과 줄이 부둥킨 방충망에
이슬로 쓰지 못한 눈물이 차오르면
그 각진 모서리마다
생의 물결 흐른다

아슬아슬 씨줄 위에 빗방울 주저앉고
깎아지른 날줄 너머 칼바람 불어오면
벼랑 끝 방충망 콧날
벼리는가 닳는가

선인장 가시 닮아 울음 울던 마음의 각
닳아 오른 젖은 발톱 노을만큼 멍든 세월
지나온 길들은 모두
빈 몸이고 공(空)이다

강물 같은 절벽 위에 언짢음 도려내고
바다 같은 빙벽 아래 노여움 잘라내니
머물던 상처는 모두

상징화기 → 통합기   감정의 고요한 정화

알몸이고 무(無)이다

지구가 돈다 다시 그 자리 풀잎 위에
칼날 끝 태산처럼 피어난 이슬 한 점
태양이 벙긋 웃는다
달팽이가 웃는다

(2018 민송 백일장 동상)

비가 내리고 있었다.

방충망 위에 맺힌 이슬은 내 안에서 차올랐다 흘러내린 눈물의 다른 얼굴이었다. 고통과 노여움을 잘라내고 남은 것은 텅 빈 마음뿐이었다. 마지막에 웃는 달팽이는 느리고 작은 존재였으나, 그때 내가 붙잡을 수 있었던 유일한 평온이었다.

우물

밤이 되기를 기다렸다
하루를 닫는 소리가 지나가도
하루를 열었던 햇살이 비탈길을 넘어가도
우물은 육백여 년 전 그 소리를 기억하고 있었다
솔방울의 이음새가 사라져간 그 기억의 뜰에서
붙들려간 너와 나의 모습을
사흘 만에 흘겨보며 아파했을 것이다
초록 잎사귀가 돋아나는 밤
새 소리를 들으며 깨어나는 그 기억의 늪에서
푸른 눈을 또랑또랑 치켜뜨고
나를 바라볼 때
밑둥 잘린 그루터기 아래에서
바람 소리를 듣던 너
또다시 스러져가는 겨울의 끝에서
얼마나 더 아파해야
너에게 다가갈 수 있을까
꽹과리 소리 쩌렁쩌렁 울리는
너의 등에 슬며시 귀 기울여본다

(2019 난설헌 백일장 우수상)

| 감정 전이기 → 상징화기 | 기억의 퇴적과 치유의 거리 |

─────── 깊은 우물이었다.

 그곳은 오래된 기억들이 층층이 내려앉아 있는 내 안의 심연이었다. 과거의 상처와 지금의 내가 겹쳐지며, 지울 수 없는 울림으로 다시 솟아올랐다. 끝내 통합에 이르지는 못했지만, 마지막에 남은 '귀 기울임'이라는 태도 속에서 달라진 나를 희미하게나마 감지할 수 있었다.

구두

바람과 바람 사이로 걷던 달빛이
돌탑 사이를 가르는 동짓달 열 사흐레 밤
댓돌 위 드러누운 아버지의 구둣발
하나의 뿌리가 되고 씨앗으로 남았다
빛바랜 구두코는 드문드문 떨어져 나가고
생의 푸른 반점들을 지워 나갔다
사막처럼 뜨거웠던 터널과 터널 사이
토해내던 검은 눈물들 생의 얼룩을 지우고
젖은 등을 타고 오르는 구름 같은 말발굽 소리들
절벽과 절벽 사이를 꺾어져 내려가며
잉여의 몸짓을 새겨 나갔다
어깨를 맞대다 기울기의 평행선이 허물어져
깨져 나간 그 바다의 늪에서
뒤축 닳은 구두굽은 하나 둘 지워져가고
텅 빈 하늘에
발자국 같은
검은 운무가 흘러갔다

(2020 효석백일장 장려상)

(상징화기) (상실된 관계의 흔적과 감정의 전이)

——— 남은 건 구두였다.

 아버지의 구두는 내게 단순한 사물이 아니라, 끝내 말하지 못한 마음이 남은 자리였다. 구두코와 구두굽이 닳아 없어지는 모습은 곧 사라져가는 관계의 흔적처럼 느껴졌다. 마지막에 남은 '검은 운무'는, 붙잡을 수 없던 슬픔이 끝내 흘러가 버린 그림자였다.

길

광수사 앞뜰에
시간을 벗어던진 바람 한 점이
단풍잎 한 장 손에 들고 날아든다
누군가 먼저 간 길을 베끼며 발자국 찍다 보면
늘
언제나
광수사 앞마당
늦은 가을 귀뚜라미는 누구의 영혼으로 우는가
가만히 귀 기울여보니
스님의 독경 소리 되뇌이는 중
발길 딛는 골목마다 달이 지고
달의 안쪽은 소금꽃으로 피어나는 중
능선 아래 석탑이 뱉어놓은 눈물의 흔적
연기 속으로 사라져간다
허공을 메고 가는 구름, 절 한 채 가뿐히 세운다
　방하착(放下着)
주춧돌 사라지고
모퉁이 돌아 나오니 끝이 보이지 않는다
거기 녹슨 청동 거울 마주하고 선

[자기통합기] [존재의 무상성과 내면의 수용]

주름진 얼굴 하나
구름 내려앉고 땅거미 위로 물길이 트인다
먼 하늘 노을 딛고 선 까마귀 한 마리
까악까악
텅 빈 날갯짓 하며 검은 운무 속으로 젖어 들고 있었다

(2020 광수문학상 동상)

홀로 걷는 길이었다.

이 시의 '길'은 단순한 발자국의 경로가 아니라, 삶을 견디며 나를 수용하려 했던 여정이었다. 광수사, 달, 거울, 방하착 같은 상징들은 내려놓음과 소멸의 마음을 담고 있다. 끝내 까마귀가 사라져간 자리에서, 나는 고통을 붙잡기보다 흘려보내야 한다는 것을 배웠다.

길

흙 속에 풀어헤친
젖은 몸 일으키며
기쁨을 온몸으로
천명한 민달팽이

별빛이
무거웠을까
돌아볼 수 없던 길

튼살로 껄끄러운
바닥을 기어가며
천형을 알몸으로
삭이는 민달팽이

달빛이
어두웠을까
돌아갈 수 없던 길

(2019 이은방 백일장 장려상)

> 감정 상징화기   고통의 내면화와 수용

───── 나는 껍질이 없었다.

민달팽이는 껍데기 없이 살아가는 내 모습 같았다. 상처를 겉으로 터뜨리기보다는, 안으로 들여와 조용히 삭이는 마음을 담았다. '돌아볼 수 없던 길, 돌아갈 수 없던 길'은 되돌릴 수 없는 시간 속에서 고통을 수용하려는 몸짓이었다.

2

불쑥 떠오르는 말들이 있었다.

계단을 오르다가도,
설거지를 하다가도,
버스 창에 비친 얼굴을 보다가도.
그 말들은 오래 입안에서 굴리다
간신히 흘러나와 시가 되었다.
특별한 사건이나 계기가 없는데도,
말은 불쑥 새어 나오곤 했다.
감정의 무게가 쌓여 있다가
일상의 작은 틈에서 비집고 나온 것이다.
겉으로는 사소한 풍경과 사물처럼 보였지만,
그 안에는 억눌린 기억과 고통의 그림자가 배어 있었다.
그 말들은 단순한 토로가 아니었다.
억눌린 마음이 스스로 모양을 찾아가는 움직임이었다.
나는 직접 말하지 못했지만,
상징과 이미지 속에서 감정을 불러냈다.
불안과 상처는 사물 속에,

시간 속에,
무심한 풍경 속에 스며들어
언어가 되었다.
그 과정은 내게 훈련이었다.
흘러나온 문장들을 놓치지 않고 붙잡아두는 일.
그리고 그것을 시로 길어 올리는 일.
감정을 억누르지 않고 흘려보내는 법,
그러나 그대로 쏟아내지 않고
상징으로 감싸는 법을 배워갔다.
이 장에 실린 시들은
내 삶의 작은 틈새에서 길어 올린 흔적이다.
흔들리고, 미끄러지던 마음이
잠시 멈춰 숨을 고른 자리.
감정이 언어로 바뀌어
스스로의 얼굴을 보여주던 순간들.
그 순간들은 나에게 회복이었고,
다시 살아갈 힘을 확인하는 시간들이었다.

길

나는 그레고리 잠자, 알을 깨고 나오면 얼굴이 붉어지지
발그레해지는 내 두 볼이 싫어 껍질 속에 숨어들지
숨으면 숨을수록 아가미는 숨을 몰아쉬고
웅크리면 웅크릴수록 층계는 층층히 두꺼운 벽을 쌓아
쪼그라드는 주름의 수심
주름과 주름이 맞닿은 줄무늬 속은 늘 끈적이고 분주해
노오란 거품 속에는 까슬한 모래알들이 지저귀며 불안에 대해 이야기하고 있어
번데기 속의 내가 아직 점이었을 때부터 시작되었을 불안
아직 터뜨려내지 못한
내 가난한 날들의 기억들이 돌탑 아래 노른자와 흰자를 이어주는 알끈처럼 이어져
굽이 굽이 골목길로 번져 나가고 있어
번데기 안의 번데기
번데기 안의 또 번데기
마트료시카처럼 겹겹이 둘러싸여 뚜껑을 열 때마다
또 하나의 불안이 고개를 들고 있었어
대백과 사전처럼 두껍게 제본되어가는 불안의 원액
죽음의 문이 열릴 즈음이면 점액질도 말라갈까
울고 있나 봐

> 상징화기→통합기로 이행하는 전환기적 시

웃고 있나 봐
텅 빈 하늘에 팡팡 물음표가 새겨지면
텅 빈 하구의 둑을 날아오르는 가마우지 한 마리
까아만 울음을 토해내며 비행이 시작되고
빈 젖이라도 물려달라며 바람에게 애원하지
아우성치는 번데기들의 합창
찌그러진 피톨 하나 길어 올렸어
보드라운 솜털로
불안의 기원에 대하여 말을 하려는 듯
암탉처럼 가까이 품어보았어
내 안의 부드러운 길을 굴려 가듯이
나는 그레고리 잠자
주머니 속에 갇혀 있는

〈2021 김유정 기억하기 대상〉

길을 찾고 있었다.

그때의 나는 불안을 켜켜이 껴안고 있었다. 번데기와 마트료시카처럼 겹겹이 쌓인 불안은 도무지 벗겨낼 수 없는 내 모습 같았다. 마지막에 '불안의 기원에 말을 걸 듯' 적어둔 건, 비록 갇혀 있으면서도 내 안의 길을 찾고 싶었던 작은 몸짓이었다.

치유의 언어들

생의 반려

뜨개질을 하는 거야
코와 코로 연결된 므훗한 구멍
구멍과 구멍 사이 그 뒤로 얼굴이 있어
얼굴이 조각조각 떠질 때마다
쓰디쓴 날들에 흐르던 바람의 문장들은
행간의 침묵처럼 숨을 쉬지
우물이 깊어질수록
지문과 지문이 섞인 틈으로 숨은 얼굴을 훔쳐봐
손톱 끝에 자란 점이 보일 때도 있어
물소리가 심해질수록
구멍의 침묵은 헤아릴 수조차 없이 많아져
가끔은 코가 빠지거나 늘어나거나 줄어들기도 하지
침묵은 방울방울 흩어져버리는 속성이 있어서 영향을 받지 않아
툭 툭 터지며 햇살에 그을린 엄마의 모습도 보이지
죽음을 그려내듯 허공을 꿰뚫는 오래된 그녀의 빗자루도 보여
아버지는 지금쯤 어디에 있을까
둥둥 떠다니는 영혼들이 꽃놀이를 나왔나 봐
하얀 항아리 속 한 줄 가루도 스스로의 형상을 매일매일 닦아내고 있을까
얼굴은 얼굴을 낳지

> 감정 통합가-자기 회복과 수용의 시기

얼굴 속에 얼굴이 들어 있지
물속에 부려진 몇만 개의 물고기 알처럼 얼굴은 얼굴을 바라봐
기억의 조작이 잘못되어서일 수도 있고
최선의 노력을 기울였음에도 성장통을 멈추고 길을 잃는 경우도 있어
달과 달 사이에서 너를 보면 나는 눈물이 나
별과 별 사이에서 너를 보면 나는 행복해
비록 완주하지 못했을지라도 괜찮아
산다는 건
아직 흘러내릴 눈물이 남아 있다는 건
끝나지 않은 삶의 끝 어귀에서
먼 수평선의 울음에 대하여
긴 지평선의 침묵에 대하여
꽃잎을 날려보는 일이 아닐까 싶어

(2021 김유정 기억하기 대상)

─── 실을 엮었다.

뜨개질하듯 이어 붙인 말들은, 결국 내 기억과 감정을 하나하나 꿰매려는 몸짓이었다. 잊고 싶었던 얼굴과 여전히 남아 있는 상처까지 함께 짜 넣으면서, 나는 조금씩 스스로를 회복해 갔다. "완주하지 못했을지라도 괜찮아"라는 구절은 그때 내가 나에게 처음으로 건넨 수용의 말이었다.

민족

길 끝에서 번지는 종소리에 저 빗물
푸르게 펄럭이는 풀잎의 마음으로
벌판에 두 손을 얹고
불꽃처럼 타올랐다

누구를 속여본 적 없었어도 저 빗물
젖으며 젖으면서 호미로 기록된 삶
땅속에 번지는 순간
죽음처럼 어두웠다

대공 끝에 올라 앉아 바람을 세어가며
빈 뜰은 성이 되고 달빛은 섬이 된다
갈잎에 이는 바람에도
목숨처럼 뜨거웠다

비탈의 꽉 다문 입술 지긋이 껴안고서
제 속의 그림자를 한사코 잡으면서
실핏줄 터져 나가듯

| 감정 통합기 | 집단 무의식과 감정의 상징화 |

피어나는 발자국

빗물에 몸 적시며 승천하는 산천초목
마르고 마르면서 허공의 문을 연다
하늘과 만나는 순간
여백으로 덧칠된다

(2021 님의 침묵 백일장 차하)

빗물은 마지막 자리였다.

'민족'이라는 단어는 단순한 집단이 아니었다. 그것은 감정이 흘러가 닿은 끝자리처럼 다가왔다. 시 속의 빗물, 풀잎, 발자국은 내가 살아오며 겪은 흔적과 고통을 품고 있었고, 그것들은 결국 '여백으로 덧칠된다'는 말에 이르러 비워내야 하는 내 마음의 모습으로 겹쳐졌다. 이 순간은 개인적 기억을 넘어, 융이 말한 자기(Self)가 집단적 무의식과 맞닿는 자리와 닮아 있었다.

치유의 언어들

가을 엽서

가을이 껍질을 벗는다
한 올의 바람이 스치면 망막은 기억을 버린다
두 올의 바람을 벼리면 달팽이관이 호흡을 멈춘다
잎맥을 흐르던 물관의 매달림
숨 쉬는 것들에게 낙.엽.이라 불리워질 때
눈멀고 소리 잃은 마른 잎의 흐느낌
눈물 없는 먼 나라의 주인공이 된다
상처를 상처로, 슬픔을 슬픔으로
노래하지 않게 될 때 흉곽에서 번져오는 여문 기억의 닿소리
홀로 빗금진 허공의 울림통을 거스르며
긴 침묵의 허기를 견뎌낸다

(2021 공작산문예축전 가작)

| 자기통합기 | 감정의 관조와 상징화 |

────── 가을이 벗겨졌다.

　나도 한 겹의 기억을 내려놓는 듯했다. 눈멀고 소리 잃은 잎사귀는 내 안에 오래 남아 있던 상처와도 닮아 있었다. 직접 노래하지 않아도, 흉곽 깊은 곳에서 울리는 작은 울림이 나를 다시 살아 있게 했다.

빈 그릇

빈 그릇 하나 가슴속에 넣어두었다

끝끝내 뱉어내지 못한 강물 소리 담아놓고
어둠이 흐르는 하늘을 헤매던 뿌리들을 꽂아놓는다

먼 데서 실려온 바람이
북극성 아래 피워놓은 꽃씨 하나 들춰내면
헛발질에 놀란 겨울도 입을 닫는데
낮달이 지나간 자리
그림 같은 소금꽃 피어오른다
구름 내려와 물결 넘겨보는 저물녘
새 울음 토해내던 모래톱은
바람이 묻어놓은 행간 속 달빛을 읽어 내려가고
여윈 어깨를 토닥이던 하얀 달빛, 제 몸을 흔든다
갈라진 손가락 끝 저장된 지문이
삭아서 토막난 슬픔을 풀어 헤치면
훨훨 날아들던 외기러기는 돌부리에 걸린 듯
누구에게도 말할 수 없던

[감정 통합기] [상징을 통한 정서 해소]

달우물 속 같은 슬픔을 쏟아놓는다

소금물에 절여놓은 행색을 뒤로 하고
먼 길 돌아와 앉은 마른 풀잎처럼
외발로 서 있던 어머니의 그림자
날개 잃은 길을 따라 출렁이며 간다

(2022 의정부문학공모전 가작)

―――――― 빈 그릇에서 강물 소리가 흘렀다.

끝내 말하지 못한 감정을 빈 그릇 하나에 담아두는 마음이었다. 그 안에는 흘러간 강물 같은 슬픔과, 누구에게도 꺼내지 못한 기억이 고여 있었다. 마지막에 남은 건 어머니의 그림자였고, 그것이야말로 내가 버리지 못한 결핍의 흔적이었다. 어쩌면 이 그릇은, 융이 말한 상징적 통합의 자리 ― 상실과 기억이 겹쳐 자기(Self)로 돌아오는 통로였는지도 모른다.

어머니에게 보내는 편지

당신은 그를 만나
내 생애의 그늘 깊은 내력이 되었다

내가 슬퍼지면
당신은 흘러내리는 물살에 순간을 비비며
겨울바람처럼 숨을 쉬고

내가 출렁거리면
우화 같은 당신이 곱씹어간 시간들
깊은 밤에 날리는 눈발처럼 출렁거렸다

눈발 출렁거리는 밤
당신의 거친 숨소리
타들어 가는 듯 피어나고

불어오는 강바람에
가난한 씨앗들은
텅 빈 당신의 갈비뼈에

[감정 통합기] [상징화된 어머니상 회귀]

문신 같은 발자국을 새겼다

알전구에 쌓여가는 달빛은
각진 천장에 우두커니 물구나로 서 있고

꽃비 같은 당신의 내력 별빛이 되어
우수수 쏟아져 내린다

물기 젖은 바람 소리 졸린 눈 부비며
먼동은 터 오고
안개 같은 허공의 떨림
심장 박동으로 흩날리는데

늪 속에 깎아지른 당신의 사막 같은 육신
저 혼자 뜨겁다

옹진 어깨 위에 가득 실린 밥알들이
튼살 속으로 숨어들고

치유의 언어들

바람의 정령 같은 질문들은 화석처럼 뜨겁다

다시 시작되는 하루를 허락한 당신
뜨거운 당신의 발뒤꿈치가 하루를 연다

(2022 전국여성환경백일장 차하)

─────── 어머니의 주름에서는 늘 물소리가 출렁였다.

어머니를 떠올릴 때마다 존재의 근원과 마주하는 기분이었다. 그 감정은 물살처럼 밀려왔다가, 눈발처럼 흩어졌다가, 다시 별빛으로 쏟아졌다. 어머니의 갈비뼈와 발뒤꿈치 같은 이미지는 고통과 연민이 동시에 각인된 자리였고, 거기서 나는 내 삶의 흔적을 읽어낼 수 있었다. 그래서 마지막에 남은 건, 고통을 품고도 하루를 다시 여는 생명의 기운이었다. 아마도 그 순간, 나는 융이 말한 자기(Self)와 근원적 존재가 만나는 자리, 그 통합의 감각을 어렴풋이 스친 것인지도 모른다.

3

되돌아보는 시선이 있었다.

시간이 흐르며 나는 감정을 피하지 않고
마주하는 쪽으로 발걸음을 옮기게 되었다.
돌아보지 않으면 알 수 없는 것들이 있었고
외면하지 않고는 마주할 수 없는 얼굴들이 있었다.
그 기억 속에는 오래 묻어둔 고통도 있었지만
동시에 그것을 언어로 건져 올릴 수 있는 힘도 숨어 있었다.
이 시기에는 유년과 청소년기의 상처
가족의 흔적
죽음의 그림자가 자주 떠올랐다.
그러나 그것들은 더 이상 단순한 고통으로만 머물지 않았다.
사물과 풍경
장소와 기억 속에 스며들어 상징이 되었고
상징을 통해 비로소 감정이 말이 될 수 있었다.
나는 상처를 피해 숨지 않았다.
오히려 정면으로 마주하며
그것을 하나의 문장
하나의 이미지로 바꿔냈다.

그 과정에서 감정은 흩어지지 않고 응결되었고
무너지는 대신 다른 질서를 얻어갔다.
죽음을 생각할 때조차도
그것은 단절이 아니라
새로운 언어로 이어지는 연결의 순간이었다.
이 장에 놓인 시들은 억압을 지나
상징을 거쳐
통합을 향해 나아가는 흔적들이다.
그 흔적들은 완결된 치유의 모습은 아니었지만
분명 한 걸음 더 다가선 움직임이었다.
삶의 고통과 흔적을 껴안고
그것을 언어의 자리로 옮기는 일은
내게 가장 고요한 통합의 방식이었다.
결국 말하지 못한 감정도 언젠가는 되돌아온다.
기억의 시선으로 응시할 때
그것들은 언어의 옷을 입고 다시 살아난다.
이 장은 그 되돌아봄의 기록이며
흔들리고 부서지면서도
언어로 서려 나온 내 안의 시간이다.

박물관

천길 물속으로 소금처럼 녹아내리는 달빛을 꺼내

주름진 발목으로 검은 날갯죽지 한 켤을 찍는

붉은 낙인이 되고 싶었습니다

유리관 아래 부호들은 허공으로 날아가 도량에 가 닿습니다

긴 목이 늘어난 새의 울음으로 불립문자는 안개에 가려지고

염화미소에 닿을 수 있을지라도

웅숭거리며 솟아나는 빗살무늬들은 붉은 깃으로 날아오를 것입니다

귀 잘린 어둠이 파문으로 한 줄기 흰 이를 드러내어

낙숫물처럼 툭 툭 떨어지는데

| 감정 억압기 | 무의식의 기억과 억눌린 감정이 역사적 사물 속에 중첩되어 표현됨 |

자박자박 걸어가는데

빈 유리관 속으로 들어가 나올 줄 모르는

달빛 한 점은, 긴 역사의 숨소리는

제 살을 밀봉하며 진흙벌 속으로 저물고 있습니다

(2023 목월백일장 장원)

유리관을 들여다보았다.

그 안에서 나는 꺼내지 못한 감정을 보았다. 달빛, 낙인, 빗살무늬 같은 장면들은 내 안에 남아 있던 흔적처럼 다가왔다. 지워지기는커녕 '진흙벌' 속에 밀봉된 채 오래 남아 있었다. 그래서 이 시는, 박물관의 유물과 내 무의식이 겹쳐 하나의 은유가 된 순간이었다.

치유의 언어들

신륵사에서

바람 한 점, 신륵사의 마당을 쓸고 있다
스님의 고무신이 앞서 나가면
단풍잎 한 장 손에 들고 뒤를 잇는 바람
얽힌 여름 햇살에
설킨 물관의 부름을 씻는 스님 뒤
졸졸 따르며
차마 쓸어낼 수 없던 번뇌의 자락까지
사뿐히 주워 담는 바람

석불처럼 앉아 긴 한숨 사이로 두고 간
들숨의 영역에서는
나비 한 마리 불러 세운다
석불 끝 잎맥까지 날아오르는 날숨의 합창을
월악산 숲 사이로 실어 나르는 나비

몸짓이 무거웠던가
큰 고니 한 마리 불꽃처럼 내려와
날숨의 합창을 물고 간다
검은 운무 속에서

감정 통합기　　감정의 관조와 자연과의 합일

매미 울음소리 안고 잠 못 드는 달빛
빈 들에서 물러나니
열반경 읽어내며 길 나서는 새벽 풍경 소리
물살 거스르지 않고
검붉게 타오르는 잎들 사이에서
잠든 석탑 아래
반짝이는 물관의 기억 사이로
몸 낮추고 잠이 드는 바람

(2022 제천이야기 공모전 우수상 수상작)

바람이 번뇌를 쓸어갔다.

　스님을 따르는 바람, 석불 곁에 앉은 나비, 불꽃처럼 내려온 고니와 풍경소리 속에서 내 감정은 조금씩 가라앉았다. 쓸어내지 못한 번뇌까지 바람이 품어가듯, 마음은 자연에 스며들었다. 마지막에 남은 "잠든 석탑 아래 / 반짝이는 물관의 기억 사이로 / 몸 낮추고 잠이 드는 바람"은 불안을 안은 채 끝내 자연 속에 잠겨 드는 내 모습이었다.

치유의 언어들

윤삼월

흰 나비 날아다니는 날
벚꽃들이 빈 손으로 내려앉는다
노란 융단을 펼쳐 보이는 민들레 속살에게도
미리 나온 꽃다지에게도 악수를 건넨다
뭉툭뭉툭 피어오르는 내음을 툭툭 채나가는 발자국들,
한 사람이 지나가고
또 한 사람이 지나가는 길목마다
질문을 던져놓는다
관심이 있는 듯 없는 듯, 아는 듯 모르는 듯
숨도 쉬지 않고 지나는 그림자들,
나비 한 마리
바람의 틈을 뒤집고 날아오르면
바깥으로 딱딱하게 굳어 있는 껍질이 벗겨질까
어느새 정오의 종탑을 쏘아 올리는 햇살
구름 속에 숨어 있던 오래된 낮달,
짧은 파도를 밀어내며 기인 파도로 뒤꿈치를 툭툭 채나가는데
귓바퀴 속에서 오래, 오래 출렁이며 별 끝을 바라보던 성(城)
성곽의 발자국 소리에 끄덕이는 귓바퀴,
지상의 푸른 날개를 매달고 봄날을 기록한다

| 감정 상징화기 | 질문의 환기와 기억의 심화 |

돌아온 질문들을 내려놓는다
화살표를 베고 눕는다

(마산 3.15 의거 백일장 차하)

흰 나비가 날아올랐다.

꽃다지와 낮달, 성곽 같은 풍경 속에서 봄의 감각은 오래된 기억과 겹쳐졌다. 길목마다 던져진 질문들은 답을 요구하지 않았고, 그저 지나가며 남겨둔 내 감정의 흔적이었다. "화살표를 베고 눕는다"는 구절처럼, 나는 상처와 질문을 억누르지 않고 기록으로 남겼다. 그것이 나의 치유이자 기억의 윤리였다.

꿈

구순 엄마의 굽이치는 이마에는
은비늘로 꺾여가는 한 뼘 파도가 들어 있다
솟구치며 떨어지는 죽음의 그늘이 드리워져 있다
일평생 그을린 햇빛 접힌 자리마다 구석, 구석
눈물로 헹궈진 꽃잎 울음 섞여 있다
허리끈 조여 먹지 않고 버리지 않고
밭고랑 매던 날들이 갈라져 있다
굳은살 갈라지고 뒤틀린 뒤꿈치 사이로 스며들던 아홉 개의 숟가락
좁쌀 모양으로 박혀 뿌리가 된 티눈 몇 개가
체납 고지서 쪽지처럼 접혀 있다
마른침 삼키며 미소로 화답하는 삶의 테두리가
깊은 수심 아래 와르르 쏟아져 내린다
사리 한 줌 틀니 사이로 반짝인다
이른 저녁 코옥 잠드는 구순 엄마의 쪼그라든 몸 사이로 옹알이가 시작된다
하루를 이겨낸 고달픔이 푸른 물 뚝 뚝 듣는 밤
배냇짓 웃음 지으며 거칠게 넘어가는 숨, 숨소리
툭, 툭 엄마가 걸어온 지팡이 끝에 채인다

(2023 진해 군항제 전국 백일장 장려상)

	감정 통합기 	기억의 침전과 세대 간 감정 유전

─────── 숨소리가 툭, 툭 채였다.

	어머니의 굽은 이마와 뒤틀린 발뒤꿈치를 바라보며, 나는 그 안에서 세월이 새겨둔 언어를 읽었다. 굳은살과 티눈, 사리와 틀니 같은 흔적들은 단순한 노쇠가 아니라, 삶 전체가 남긴 발자국이었다. 죽음 가까운 자리에서 새로 태어난 아이의 옹알이로 이어지는 장면은 끝과 시작이 서로 겹쳐지는 듯했다. 그 순간 나는 감정이 사라지거나 정화되는 것이 아니라, 세대를 넘어 계승된다는 사실을 알았다. 그것은 나를 포함한 우리 모두의 무의식적 기억, 융이 말한 집단적 무의식 속으로 흘러드는 통합의 감각이었다.

별

별빛 아래 흘러들기도 했다

어둠 속에 마주 오는 사람을 바라보기도 했다

그가, 스치듯 지나치며 만들어낸 바람이 내 옷깃을 휘감을 때

별들의 날갯짓은 늪 속으로 빠져 들어갔다

강물 위에 앉은 별빛들이 눈길 위에서 눈을 맞춘다

길을 찾으러 가는가, 길을 잊기 위해 가는가

별빛으로 부서지는 바람의 길

돌 위에서도, 물 밖에서도

풍경으로 접어든 날개들이 아침처럼 밝다

환하다

먼저 나선 발자국이 기다리는 길 끝에

그림자 하나 놓아두고 높게 자란 벽을 밀어 올린다

왜, 하늘을 날게 되었느냐고 묻는다

빙긋 원을 그리는 날갯짓

왜, 물 위를 걷게 되었느냐고 묻는다

물속으로 풍덩 머리를 밀어넣는 별빛들

포말 같은 파문이 인다

별들이 보이지 않는다

[감정 상징화기]　[무의식 감정의 이미지화와 감정의 물질화]

수평선 저 너머 그 아득한 날갯짓

〈2023 영랑문학제 우수상〉

별빛은 풍경이 아니었다.

그것은 마음속 움직임을 비추는 거울이었다. 스치듯 지나간 사람의 기척조차 별빛처럼 흔들렸고, 그 흔들림은 물 위와 공기 속에 파문을 남겼다. '길을 찾으려는 것인지, 잊으려는 것인지' 묻던 순간, 감정은 물질처럼 흘러 다니며 별빛과 날갯짓 속에 스며들었다. 사라지는 별빛의 이미지 속에서 내 감정은 외부 풍경에 옮겨가 상징으로 빛났고, 그것은 내 무의식이 자연을 매개로 스스로를 말하는 방식이었다.

고향산천

고희를 넘기지 못한 부모님 산소를 벌초하고

돌아오는 길이었다

산허리에 감긴 붉은 노을 자락이

천연스레 희수 지나 망구에 접어들었다고 얼마 전 자식들로부터

거한 밥상 받아 든 나를 웃자란 잡풀처럼 채찍질하며

길- 게 따라오고 있었다

(2023 공작산문예축전 대상)

| 감정 통합기 | 죽음과 삶의 기억을 수용하며 고통의 감정에 관조적으로 접근함 |

붉은 노을이 산허리를 감쌌다.

부모님의 산소를 벌초하고 내려오던 길, 그 빛은 세월이 나를 밀어내듯 희수와 망구의 경계로 데려가고 있었다. 잡풀처럼 자라난 세월은 부모의 죽음과 나의 늙음을 한자리에 포개었고, 그 길 위에서 나는 삶과 죽음이 끊어진 것이 아니라 이어져 있다는 사실을 알았다. 고통스럽지만 외면하지 않고 바라보게 된 감정은, 끝내 내 안에서 길게 흘러가는 관조의 빛으로 남았다.

책상

이마에 난 주름을 치켜뜰 때마다
너는 물끄러미 바라보았지
주름의 주소를
너는 가끔, 그것을 흉터라 불렀지

흉터, 어느 해 여름
안방에서 부엌으로 향하는 문이 열렸을 때
무쇠솥 빠진 자리로 고꾸라진 나
물끄러미 바라보던 너.

그래, 너의 첫번째 이름은 실경이였지
그릇을 받쳐주고 있다가
아부지 손에 이끌려
책상이라는 이름을 갖게 된 너

너는 줄곧 내게 검댕을 묻혀주었지

어느 해 겨울

> 감정 상징화기 · 어린 시절의 상처를 기억 속 사물과 연결해 시적 상징으로 형상화함

너는 쪼개졌고
아궁이 속에서 달빛 되어 활활 타올랐지

나를 부축해주고 싶어 하던 너
바닥에 떨어져 외면하는 법을 먼저 배운 나

버티는 법을 몰랐지
가진 게 없으면서 질기지도 못했던 나
가드레일 들이받을 용기도
버틸 힘도 없었던 나

책상이 상처였는지
상처가 주름이었는지
주름이 흉터였는지
흉터가 별빛이었는지
별빛이 달빛이었는지 알 수 없는 가운데
시간은 흐르고
사고방식은 사고가 되어 콘크리트처럼 굳어갔지

접을 수도, 잡을 수도, 불평할 수도, 불안할 수도 없는 가운데
가까이, 봉분 더 가까이 다가가고 있던 나
관습이 습관으로 습관이 운명으로 끌려갈 즈음

(2024 전국여성환경백일장 대상)

─────── 책상은 상처였다.

어린 시절의 기억과 고통이 책상이라는 일상 속 사물에 새겨져 있었다. 실겅이에서 책상, 장작, 달빛으로 이어지는 변환은 단순한 물건의 바뀜이 아니라, 내 삶과 감정이 옮겨 다닌 궤적이었다. 그 위에서 나는 부축받고 싶으면서도 외면을 먼저 배웠고, 버티지 못하면서도 버텨야 했다. 흉터는 주름과 별빛, 달빛으로 겹쳐지며 시 속에서 상징으로 살아났다. 말로 하지 못했던 기억과 고통이 그렇게 언어로 불려 나왔다.

제4부

A Case Study on the Expansion of
Self-Expression and Self-Healing
through Poetry Writing

1부의 연구를 영어로 옮긴 글로, 『Journal of Humanities Therapy』에 게재된 논문이다.

A Case Study on the Expansion of Self-Expression and Self-Healing through Poetry Writing

I. Introduction

As human beings go through life, they accumulate various emotions and memories within. These emotions and memories often remain latent in the unconscious, and unprocessed traumas or unresolved wounds can lead to psychological anxiety and isolation. Carl Gustav Jung classified the structure of the human psyche into the ego, the personal unconscious, and the collective unconscious. He proposed that the contents of the unconscious can be brought into consciousness through dreams, symbols, and artistic expressions.[1] He

---

1 C.G. Jung, *Man and His Symbols*, Trans. by B.Y. Lee, Jipmoondang, 1984, pp.163-237.

termed this process "individuation"[2] and explained that the ego can mature fully by becoming aware of and integrating unconscious contents.[3]

In this process, poetry writing can serve as an artistic expression that facilitates individuation.[4] It is a significant method of psychological healing that reconstructs inner wounds through symbolic language.[5] By symbolically expressing unconscious emotions and images, poetry functions as a vital channel for making inner complexities and contradictions conscious.[6] According to Jungian analytical psychology, the emotions or images evoked by a writer are not merely individual experiences but may also be connected to archetypes within the collective unconscious.[7] This suggests that poetic creation can provide insight not only into personal healing but also into universal human

---

2   Ibid., pp.163-237.
3   Nordby V. and Calvin Hall, *A Primer of Jungian Psychology*, Trans. by Lee, H.-S, Seoul: Smart Book Publishing, 2015, pp.130-134.
4   S.-H. Kwon, *The Theory and Practice of Poetry Therapy*, Seoul: Sigma Press, 2012, p.19.
5   N. Mazza, *Poetry Therapy: Theory and Practice*(2nd ed.), Seoul: Hakjisa, 2005, pp.64-67.
6   S.-H. Kwon, *The Theory and Practice of Poetry Therapy*, Seoul: Sigma Press, 2012, pp.120-21.
7   B.-Y. Lee, *Shadow — The Dark Fantasy Within Our Hearts*, Paju: Han-gil-sa, 2002, pp.126-128.

experiences.

Humanities therapy is an integrative healing approach that uses language arts to facilitate emotional catharsis and self-awareness.[8] In particular, poetry writing enables the safe expression and verbalization of repressed emotions through expressive modes that promote symbolism, implication, and emotional resonance.[9] This process naturally restores emotional flow and strengthens the sense of self. Externalizing and giving meaning to repressed emotions goes beyond mere emotional expression—it empowers individuals to reconstruct their emotions within social contexts. Through poetry, the writer comes to recognize themselves as a subject narrating their own life, which allows for the reinterpretation of pain and the progression toward healing.[10]

This study investigates the therapeutic functions of poetry writing based on the theoretical frameworks of Jungian analytical psychology, humanities therapy, and poetry therapy. Focusing on the symbolic verbalization of unconscious emotions and memories, it aims to an-

---

8   Institute of Humanities, Kangwon National University, *Theories and Principles of Humanities Therapy,* Chuncheon: Sanchaek Publishing, 2011, pp.22-24.

9   K.-S. Seo, *The Theory and Practice of Poetry Therapy Based on Analytical Psychology*, Seoul: Handul Publishing, 2012, p.51.

10 Loc.cit.

alyze how poetry writing contributes to ego integration, self-understanding, and identity recovery.[11]

Conducted as an autoethnographic case study, this research analyzes the author's experience of academic exploration in humanities therapy and self-reflection through poetry writing. The researcher, who had long remained isolated from social relationships while confined at home, found a channel for reengagement with the external world through poetry, leading to active participation in various literary circles. This experience demonstrates that poetry writing can function not merely as a creative activity but as a healing medium that fosters ego development, identity restoration, psychological stability, and social integration. To this end, the study integrates humanities-based healing approaches and literature-based psychological therapy research, and examines the process of self-expression and healing through poetry from a theoretical perspective.

The purpose of this research is to explore the psychological structure in which unconscious emotions and memories are brought into consciousness through poetry writing, thereby integrating the self and achieving existential recovery. Furthermore, it seeks to theoretically

---

11 S.-H. Kwon, *The Theory and Practice of Poetry Therapy*, Seoul: Sigma Press, 2012, pp.44-47.

examine how poetic creation can lead to emotional liberation, the restoration of self-efficacy, and practices of humanities therapy that promote social solidarity and engagement.

II. Humanities Therapy and Poetry Writing

1. Humanities Therapy

Humanities therapy is an interdisciplinary healing practice grounded in an integrative approach to the humanities, aiming to reflect on inner suffering and promote emotional recovery.[12] Its primary goal is to help individuals or groups in emotional and psychological crisis regain emotional balance through self-reflection and changes in awareness.[13]

In this way, humanities therapy is rooted in the healing tradition of the humanities.

The humanities are disciplines that explore values, identity, and

---

12 Kangwon National University Institute for the Humanities, *Humanities Therapy*, Gangwon: Kangwon National University Press, 2009, p.20.
13 ibid., pp.20-22.

cultural meaning encountered in human life. This field encompasses a wide range of creative human activities such as philosophy, literature, history, art, religion, and language. Since ancient times, humans have understood and expressed the world and themselves through myths, narratives, poetry, and song.[14]

Language is a crucial tool for expressing one's inner world.[15] Such linguistic activities do not merely serve to vent emotions but function as healing tools that enable communal communication and insight into life. From this understanding emerged the concept of "humanities therapy." Humanities therapy aims to reflect upon and heal the inner pain and wounds of human beings, seeking to understand the human experience in a holistic and integrated manner.[16]

Humans are not simply psychological beings; they exist within complex social, relational, and cultural contexts. Accordingly, humanities therapy interprets suffering from a human-centered perspective and seeks possibilities for recovery and transformation through a

---

14 Institute of Humanities, Kangwon National University, *Theories and Principles of Humanities Therapy*, Chuncheon: Sanchaek Publishing, 2011, pp.11-13.

15 M.-Y. Lee, *Storytelling Therapy*, Seoul: Hakjisa, 2017, pp.31-33.

16 Institute of Humanities, Kangwon National University, *Theories and Principles of Humanities Therapy*, Chuncheon: Sanchaek Publishing, 2011, pp.11-15.

comprehensive understanding of the individual. It starts from an understanding of humanity and life itself.[17]

The origins of humanities therapy can be traced back to ancient times. The stories and songs of prehistoric shamans, as well as the dialogues and reflections of ancient philosophers, were early forms of spiritual healing. In the modern era, artistic media such as art, music, the body, and play are actively used in psychological therapy. Nevertheless, literature continues to be regarded as one of the oldest and most powerful tools for healing.[18]

Literature is an art that conveys the essence of human existence and inner conflict through language. Especially poetry, with its symbolic and condensed linguistic structure, allows for emotional and mnemonic transformation into artistic expression. Poetry, through its use of symbols, imagery, rhythm, and meter, serves as a powerful linguistic tool that promotes emotional relief and self-understanding by expressing personal pain, wounds, confusion, and hope.[19]

---

17 Institute of Humanities, Kangwon National University, *Theories and Principles of Humanities Therapy*, Chuncheon: Sanchaek Publishing, 2011. pp.109-110.

18 Institute of Humanities, Kangwon National University, *Understanding Humanities Therapy*, Seoul: Hankookmunhwasa, 2017, pp.11-15.

19 G.-S. Yoo, *Humanities Therapy and Poetry: How Poetry Heals the Mind*, Chuncheon: Sanchaek Publishing, 2017, pp.14-30.

Despite advancements in technology and material abundance, modern society tends to amplify emotional isolation and loss. In this unstable era, poetry continues to hold therapeutic value as a linguistic art that symbolizes emotions and reflects the meaning of life.

2. The Healing Efficacy of Poetry Writing

Poetry therapy is a form of literature-based expressive therapy that utilizes the linguistic and symbolic qualities of poetry to express emotions, explore the self, and promote psychological healing and integration.

Mazza (2005) defines poetry therapy as "an integrated process of emotional expression and cognitive restructuring using language and symbols," and explains that the emotional resonance, symbolism, and condensation inherent in poetry are effective for emotional exploration and inner integration.[20] He emphasizes that poetry is not merely a tool for expression, but a therapeutic practice that allows for the safe externalization of repressed emotions and the reconstruction of life

---

20 N. Mazza, *Poetry Therapy: Theory and Practice*, Trans. by Kim, H., Seoul: Hakjisa, 2005, pp.23-27

narratives, thereby promoting ego integration.[21]

Mazza organized the theoretical foundations of poetry therapy by synthesizing Aristotle's concept of catharsis, Freud and Jung's interpretations of unconscious symbolism, Yalom's idea of emotional identification in group therapy, and the definition of poetry therapy by Nichols and Zax (1977).

He particularly sees poetry as a medium that connects emotion and thought, and as a tool that expands self-expression and insight, making it applicable in a wide range of clinical and educational settings.[22]

Building upon this theoretical foundation, various prior studies conducted both in Korea and abroad provide empirical support for the therapeutic effects of poetry writing on emotional regulation, ego integration, and identity restoration.

In this context, writing serves a crucial role in structuring and organizing personal narratives. Since the 1980s, research on the therapeutic function of writing has been actively conducted in the fields of psychology and medicine.

---

21 Ibid.
22 Ibid.

J. W. Pennebaker has argued that writing helps individuals ease anger and overcome pain, asserting that the act of verbalizing suppressed emotions reduces anxiety and depression while improving quality of life.[23]

Mazza synthesized the theoretical foundations of poetry therapy by drawing on Aristotle's concept of catharsis, Freud and Jung's interpretations of unconscious symbols, Yalom's idea of emotional identification in group therapy, and the definition of poetry therapy by Nichols and Zax (1977).

Writing about repressed emotions externalizes and objectifies inner pain, which alleviates anxiety and depression, and positively influences sleep quality, interpersonal relationships, and productivity.[24]

Among forms of writing, poetry writing is particularly effective in exploring the depths of pain, restructuring wounds, and integrating the self through the refined verbalization of emotion. It facilitates not only emotional expression but also self-awareness and psychological integration. Through poetry, one can verbalize repressed emotions

---

23 J. W. Pennebaker and F. E. John, *Expressive Writing: Words That Heal*, Trans. by Lee, B.-H., Seoul: Xbooks, 2017, pp.29-30.

24 G.-S. Yoo, *Humanities Therapy and Poetry: Poetry That Heals the Mind*, Chuncheon: Sanchaek Publishing, 2017, p.23.

and construct a new, affirmative narrative of existence.[25]

Moreover, poetry writing is a process of reconstructing personal narratives and facilitating therapeutic transformation. The act of verbalizing pain and trauma through poetry helps integrate inner fragmentation and overcome the disconnection experienced in familial or social relationships. This poetic process prevents individuals from remaining in isolation by creating open narratives that include both the self and others, thereby contributing to self-healing, identity restoration, and the strengthening of social bonds.[26]

The poet materializes repressed emotions and wounds through symbols and images, thereby expressing them into the external world. In this process, emotion is reconstituted as an "expressed emotion" rather than merely an "experienced emotion," leading to new insights into self-awareness and identity.[27]

Poetic creation thus goes beyond expressing emotion to become a process of organizing and integrating inner experiences. The creator

---

[25] H.-K. Jeong, "A Study on the Effect of Poetry Writing", *Korean Literature Studies* 84, 2023, p.480.

[26] S.-W. Kim, "The Therapeutic Effects of Poetry Writing: The Case of Supervielle", *Journal of Literary Therapy* 44, 2017, pp.98-106.

[27] S.-H. Kwon, *The Theory and Practice of Poetry Therapy*, Seoul: Sigma Press, 2011, p.51.

immerses themselves into the poetic persona or imagery, thereby connecting past and present emotions. This emotional immersion relieves inner tension and enables self-awareness. As suppressed emotions are expressed through language, natural emotional catharsis and psychological liberation take place.

Poetry writing enables individuals to objectify and reflect on their experiences and reinterpret them from new perspectives. Through this process, negative emotions can be transformed, allowing for the possibility of positive self-interpretation.[28]

Based on the above theoretical discussion, the following section presents a detailed autobiographical analysis of the author's poetic practice—focusing on the processes of emotional verbalization, deepened self-understanding, and integration of being

---

28 Ibid., pp. 61-62.

III. Healing through Poetry Writing: A Self-Analytical Case Study

1. Self-Expression through Poetry Writing

When engaging in poetry writing, emotions or memories that one is not usually aware of often emerge naturally. This process is not merely about arranging words, but rather resembles a psychological journey into the depths of one's inner world, confronting latent emotions and wounds. The attempt to capture the flow of feelings through language extends beyond self-expression and becomes an opportunity for self-reflection.

In this regard, various studies related to poetry writing can be referenced. Song-Hee Lee through her work on autobiographical poetry using portraits and poetry, reported that learners experienced a process of naturally verbalizing and concretizing their emotions and experiences. She emphasized that such poetic self-expression contributes to reconstructing the self, enhancing self-insight, and expanding one's sense of existential meaning. At the same time, it promotes self-understanding and self-efficacy, opening the door to emotional healing. Furthermore, poetry serves as a medium of communication that reconstructs relationships with others and the world anew.[29]

Self-expression through poetry writing is not limited to emotional release; it evolves into a process of organizing and interpreting life experiences. Honest writing begins with trusting one's emotions and diving deeply into one's inner self based on confidence in the life one has lived. Writing, in essence, is a process of facing one's most intimate emotions and memories, and giving form to their fundamental resonance through language.[30]

Ok-Yeon Lee and Eun-Young Jin through poetry writing experiences within a literature-based group counseling program, found that the process of verbalizing and integrating wounded experiences deepens self-understanding and provides meaning to life. This suggests that poetry writing is a healing practice that reconstructs and expands personal identity.[31]

By symbolizing emotions and memories, poetry allows individuals to take a step back and observe themselves, enabling a deeper intro-

---

29 S.-H. Lee, "Writing a Self-Portrait Using Pictures and Poetry", *International Literary Studies* 90, 2021, pp.581-604.

30 N. Goldberg, *Writing Down the Bones*, Trans. by Kwon, J.-W., Seoul: Hanmunhwa, 2003, pp.18-19.

31 O. Y. Lee and E.-Y. Jin, "A Study on the Value of Poetry Writing in a Literature-Based Group Counseling Program", *Art Education Research* 19(2), 2024, pp.63-101.

spection. Through this process, the self becomes more objectified, and a new understanding of life becomes possible. Poetry goes beyond mere emotional expression—it is a profound endeavor to reconstruct existence through language. The poet, in solitude, faces their inner truth and begins the effort to reconnect with the world.

K-C Jeong (2023) analyzed the process of writing poems on the theme of forgiveness, focusing on how the act of verbalizing and objectifying repressed negative emotions led to emotional resolution and self-understanding. He argued that poetry writing does not simply recall past wounds but, by verbalizing and reconstructing them, enhances empathy and understanding toward oneself and others, functioning as a therapeutic tool that enables healthy self-expression and relationship building.[32]

Ultimately, self-expression through poetry writing begins with uncovering and interpreting one's inner emotions and memories, deepens self-understanding, and enables a healing transformation that reintegrates the self. Specific examples of such self-expression will be discussed in the next section.

---

32 K.-C. Jeong, "Writing for Connection and Personal Growth: Forgiveness", *Korean Literary Creation* 22(1), 2023, pp.164-167.

2. Poetry Before Entering Humanities Therapy

2.1. The Shadow: Focusing on Ashen Wings

The phrase "Life is a confession"[33] served as a turning point for the researcher in reinterpreting the long-held sense of inner darkness and emptiness-not merely as descriptions of pain, but as a fundamental truth of life itself. Since childhood, the researcher had been notably quiet, with minimal self-expression, often hearing the question, "Are you feeling unwell?" from others. These unarticulated emotional undercurrents, even difficult for the researcher to recognize personally, manifested as chronic fatigue, lethargy, and psychological alienation in daily life.

> *Ashen Wings*
>
> It's been long since the wing's path was severed—a shadow formed by shade upon shade. [···] Fleeing light, leaves that no longer dream – once again, I must wander in search of the village where the sun still rises.

The researcher once aspired to soar with golden wings, yet in real-

---

[33] M. S. Peck, *The Road Less Traveled*, Trans. by J.-S. Lee, Ulysses, 2011, p.19

ity remained in a state of inertia where thought preceded action and execution lagged behind. The inner voice faded away, and each step faltered along the boundary lines of life. The psychological yearning to sell torn feathers in order to reclaim a lost shadow ultimately resulted in hiding those wings beneath a tilted sun, a consequence of prioritizing contemplation over action.

According to Jung, one component of the unconscious is the "shadow,"[34] which he defined as the totality of traits rejected by the ego The shadow consists of psychological aspects that have been consciously denied and repressed, and Jung emphasized that integrating the self requires directly confronting and accepting this shadow.[35]

Lee B.-Y. (2002) further noted that the shadow includes not only the negative traits the ego cannot accept, but also undeveloped positive potentials. When the shadow is repressed, one's conscious ego becomes narrowly confined, and life may come to be dominated by unconscious impulses.[36]

From this perspective, the researcher's sense of helplessness and emotional alienation can be interpreted as manifestations of an un-

---

34 C. G. Jung, *Shadow: The Dark Fantasy Within Our Minds*, Paju: Hangilsa, 2002, pp.71-85.
35 Loc.cit.
36 Ibid., p.41.

conscious shadow that had not yet been acknowledged. The journey toward healing began with confronting and integrating the pain of repressed emotions and existential wounds through poetry writing. Confession, in this sense, became the shadow itself-and the act of facing it marked the overture of a long journey toward reconstructing the self. As M. Scott Peck suggested, "Once we truly accept that life is difficult, it is no longer difficult" This affirms the healing potential of poetic self-expression and the symbolic articulation of the unconscious.[37]

2.2. Persona: Focusing on The Speech of Silence

For a long time, the researcher remained not in clear awareness of life's suffering but rather in a persistent state of emotional discomfort and fatigue. Instead of recognizing and verbalizing the thought "I am struggling," the more frequent emotional response was a habitual sense of irritation. Chronic lethargy and an avoidant emotional stance had deeply settled within the self. The days marked by so-called laziness reflected a depletion of emotional energy and a decline in self-efficacy.

---

37 Peck, M. S., *The Road Less Traveled*, Tran. by Lee, J.-S., Ulysses, 2011, pp.19-21.

The Speech of Silence

> Toward what is seen, I read the prayer of the blind, as sensation stirs at my fingertips. […] As it is seen, as it is heard, just as it is—Words rusted with silence become sin, and crooked attitudes turn into clouds.

The researcher, like someone reading "the prayer of the blind," found herself silently carving the "silence of the deaf" into her bones with her toes, unable to give voice to her feelings, staring only into the empty sky. Each evening, she suppressed the burning pain on her tongue and blamed and resented others and the world-just as they appeared, just as they sounded. This experience repeated itself, and her rusted words became entangled in guilt. Within this cycle of emotional repression and self-blame, her emotions gradually sank into darkness.

According to Jung, the persona is a psychological mask that individuals present outwardly to fulfill social roles. While the persona is a necessary function for maintaining harmony with society, Jung warned that over-identification with it could sever the connection with the true Self. Byung-Young Lee similarly described the persona as a "fiction"-not something to be eliminated, but something that must be recognized as distinct from the ego.[38] He emphasized that the persona itself is not inherently problematic; however, blind identification with it may lead to a loss of one's essential goals and a distortion of life. Lee further noted that because humans inevitably live within groups, social roles, moral norms, and etiquette cannot be completely abandoned. He explained that the formation of the persona-from early childhood through adolescence-is essential in establishing relationships with the external world[39]

The poetic self in The Speech of Silence reveals this psychological condition: maintaining an appearance of emotional indifference and silence to meet social expectations, while internally accumulating suppressed emotions. The expression "Words rusted with silence become sin / Crooked attitudes turn into clouds" symbolizes how repressed emotions, left unexpressed, are internalized as guilt and self-denial. This portrays the symbolic tension between a socially constructed persona and the silenced inner self.

The researcher repeatedly reacted to new suggestions or directions with self-inhibiting thoughts such as, "Can I really do this?" or "Who am I to attempt that?" This reflects the conflict between the persona

---

38 B.-Y. Lee, *Analytical Psychology*(3rd ed.), Seoul: Iljogak. 2021, pp.96-100.
39 Ibid., pp.96-100.

that conforms to external expectations and the true self that resists from within. Existing in an ambivalent psychological state-longing for social belonging yet simultaneously rejecting assimilation-she remained stuck in a stagnant sense of self.

Trapped in a fatalistic posture of wanting to reject yet being unable to, the researcher viewed the world through a gray lens and became habituated to emotional emptiness and avoidance. This inner tension became more clearly recognized when her first child turned five. After the child began attending daycare, the researcher began noticing how angry she became every morning. In those moments, memories of her mother surfaced-her mother who used to yell at her to wake up at dawn. While such behavior had seemed incomprehensible at the time, the researcher realized that she, too, was unconsciously repeating similar emotional patterns, though with different intensity. This reenactment represents a form of unconscious emotional memory, closely tied to what Jung described as the process of unconscious identification.

2.3. Complexes: Focusing on Memory

Memory

There are gold crowns that come loose in chunks when you bite down—they do not fall out in order. Once dislodged, they no longer fit. They cannot be filled in.

[…]

Even if I try to forget, try to grant the right to forget, it will not fade—because the order was wrong from the beginning, because it was never truly stained.

Memory—that's what memory was.

The poem *Memory* symbolically expresses the researcher's distorted psychological memory and emotional fixation. The recurring motif of "gold crowns" represents fragmented pieces of a disintegrated self, while the phrase "the order was wrong" reveals a failure in the integration of psychological memory. In this poem, memory is not portrayed as something that flows, but rather as something stagnant-where emotions remain undigested and stuck within the inner world.

Carl Jung defined the *complex* as an autonomous and independent psychological structure formed from repressed emotional energy within the unconscious.[40] Complexes originate from past traumatic experiences or unresolved emotional wounds, and become activated by specific stimuli, thereby disrupting conscious thought and emotional

---

[40] B.-Y. Lee, *Analytical Psychology*(3rd ed.), Seoul: Iljogak, 2021, pp.65-72.

flow.[41]

The researcher's psychological state, as reflected in *Memory*, illustrates the way in which latent complexes in the unconscious can repeatedly trigger emotional responses, distorting both reality perception and self-awareness. Phrases such as "memories that will not fade" and "crowns that won't bite down as planned" symbolize repressed emotional memories that remain unintegrated. This is deeply connected to Jung's view of complexes as autonomous forces that can dominate one's psychological functioning.

In particular, it is likely that the researcher's emotionally rooted complexes also surfaced in the process of parenting. After her first child began attending daycare, the researcher began noticing how she would frequently become angry in the mornings. These emotional reactions echoed past experiences with her own mother, whose strict demands to wake up at dawn were incomprehensible at the time. Although the emotional intensity differed, the researcher found herself repeating similar behavioral patterns-an instance of unconscious emotional reenactment and the activation of a complex that influenced her present-day behavior.

Charles Sell noted that anger offers three psychological benefits,

---

41 Ibid., pp.65-72.

one of which is the ability to avoid guilt and helplessness by blaming others.[42] As Sell emphasized, anger can serve as a psychological defense mechanism for self-justification.[43]

This aligns with the researcher's emotional structure, in which anger functions to justify herself within the hierarchy of memory.

In the researcher's case, emotionally fixated memories and unresolved complexes were activated by external stimuli, leading to recurring emotional responses and behavior patterns. Ultimately, *Memory* is a poetic embodiment of the researcher's inner world, dominated by unconscious complexes. Writing poetry served as a medium through which repressed emotions and fragmented memories could be externalized and reflected upon. Although still in its early stages, this poetic engagement marked the beginning of a healing practice aimed at self-awareness and emotional integration.

2.4. Emotional Repression and Silence: *Focusing on The Forest Between the Lines*

The researcher experienced a recurring, self-reflexive emotional cycle

---

42 C. Sell, *Healing for Damaged Emotions*, Trans. by Chung, D. and Choi, M., Seoul: Duranno, 1992, pp.204-205.

43 ibid., pp.204-205.

marked by daily lethargy and a dulled sense of time. *The poem The Forest Between the Lines* was written amid this psychological state. In the poem, the poetic self seeks to explore the boundaries of existence but, in practice, remains trapped within them—adrift, having lost any clear direction.

The Forest Between the Lines

I kept erasing the boundaries until dusk—until there was nothing left to erase. Where the path ends, a boundary is drawn. Where the path disappears, yet another boundary forms.

[…]

You were always there—standing still in that very place, upright like a stone pagoda.[44]

The researcher initially attempted to conceal herself through a dualized poetic self, but ultimately came to face her true self. The line, "You were always / standing still in that very place," symbolizes existential stagnation and self-alienation, reflecting the researcher's disoriented sense of identity and direction. The poetic self adopts an

---

44 M. Kim, "Forest Between the Lines", *Collection of Winning Works from the 39th Dalgubeol Writing Contest*(Second Prize Winner), Daegu Literary Association, 2020, pp.298-299.

ambivalent stance-either alienating itself from the world or choosing to be alienated. At the time of writing, the researcher's psychological state was extremely rigid. Her days were marked by lethargy, with emotions surfacing only at dusk in the form of self-reproach. This inner erosion and pain are imprinted throughout each line of *The Forest Between the Lines*, where unresolved emotions intensify without release.

The poem emerged from a space of emotional repression and silence, revealing the temporal limitations of a period in which emotions circled the surface without finding verbal expression. Yet, even this experience of failure became a crucial stepping stone in the researcher's expanding awareness of emotion and capacity for self-reflection. As such, the work can be understood as representing an early stage in the healing process initiated through poetry writing.

3. Poetry Written After Entering the Field of Humanities Therapy

Self-efficacy is derived from an individual's past experiences, comparisons with others, and indirect experiences, as well as being influenced by physical, emotional, and social factors. Lee Im-Young explains that these various elements play a crucial role in forming self-efficacy, and emphasizes that instead of relying on external factors, change and growth must stem from an individual's internal process.[45]

A.-Y. Kim, J.-E. Cha, D.-S. Lee, I.-H. Lim, H.-Y. Tak and Song, Y.-A (2008) further argued that self-efficacy is closely linked to self-regulated learning, noting that individuals with high self-efficacy are less affected by anxiety or fear and tend to have greater control over their situations.[46]

This concept of self-efficacy plays an important role in the process of writing poetry. In Volume 80 of *Unification Humanities*, self-efficacy is defined as "the empathetic capacity to view the poetic speaker's orientation from a similar perspective and to reflect one's own reality and future through that lens."[47]

A clearer understanding of this psychological state became possible

---

45 Lee, I.-Y., "A Study on Human Needs and Behavior Through the Understanding of Self-Efficacy", *Management Education Research* 55, 2009, pp.221-247.

46 A.-Y. Kim, J.-E. Cha, D.-S. Lee, I.-H. Lim, H.-Y. Tak and Y.-A. Song, "The Effect of Parental Autonomy Support on Elementary School Students' Self-Regulated Learning Efficacy: The Mediating Role of Self-Determination Motivation", *The Journal of Korean Education* 35(4), 2008, pp.3-24.

47 Editorial Board of Unification Humanities, "The Influence of Literary Imagination through Modern Poetry Reading on Self-Efficacy", *Unification Humanities* 80, 2019. p.224.

after the researcher entered the Department of Humanities Therapy. In particular, coursework related to self-efficacy provided valuable insight into her own emotions and sense of identity. This study empirically demonstrated that individuals with low self-efficacy tend to experience difficulties in recognizing and expressing emotions, and are more likely to engage in avoidant interpersonal relationships. These findings resonated deeply with the researcher's own experiences and led to a more structured understanding of why she had long struggled to express her emotions appropriately.[48]

Nameplate

With open eyes, I welcomed the crimson window. At dusk, I dipped a shadow into the river's edge, and as moonlight wrapped around my neck, I gazed at drifting snow-flowers.

[…]

Staring at a torn ligament, I hold the nameplate stained on my thumb— embracing it like a cane, as if opening a bright, new path.

Writing poetry is a powerful tool that allows individuals to fully

---

[48] H.-J. Kim et al., "The Effects of Self-Efficacy, Interpersonal Skills, and Alexithymia on Initial Perceptions of Others", *Korean Journal of Counseling* 20(1), 2012, pp.1-20.

express themselves through the imaginative use of language rooted in physical and emotional experience. Especially for those suffering from physical or emotional pain, articulating their feelings in concrete terms can evoke empathy and understanding. This process of conveying personal experience in a safe and symbolic form may produce significant therapeutic effects.[49]

In the poem *Nameplate*, the researcher reveals emotional repression and avoidance through attempts to block, rather than confront, her feelings of helplessness. The pervasive pain is symbolically represented in poetic form, and the repression of emotion is closely linked to bodily discomfort. These repressed emotions remain unresolved within, conveyed through imagery that suggests the researcher continues to cling to unhealed pain, often embodied in specific objects or symbols.

At one point, the researcher frequently described her emotional state as "fog." In an art therapy class held at a lifelong learning center, she even adopted the nickname "Fog," recognizing it as a symbol of her inner condition-an unclear, undefined emotional landscape characterized by confusion and uncertainty. She often experienced anxiety

---

[49] O. Y. Lee and E.-Y. Jin, "A Study on the Value of Poetry-Writing Experience in a Literary Counseling Group Program", *Art Education Research* 19(2), 2024, p.92.

in interpersonal relationships and felt burdened by social interaction, consistently taking a passive stance. Her emotional responses in relationships were contradictory: she was heavily influenced by others yet could not fully accept or embrace those connections, keeping a certain distance. This pattern stemmed from a lack of emotional awareness and self-understanding, revealing traces of accumulated emotional isolation within her inner world.

3.1. The Beginning of the Individuation Process

Outwardly, the researcher appeared to maintain a calm and stable daily life. However, beneath the surface, unresolved emotional remnants continued to surge within. This internal confusion-marked by emotional inconsistency and underlying anxiety-gradually began to dissipate through poetry therapy courses offered in the Department of Humanities Therapy. The therapeutic approach to poetry, both in writing and interpretation, provided the researcher with fresh insight, becoming a critical turning point in consciously reflecting on the origins of emotions previously buried in the unconscious.

To the Fin

Submerged in water, I have yet to open my eyes. My entire body records the trembling of layered blue eyelids. I set afloat a shadow, longer than the footsteps I have left behind—a limping, limping shadow.

[…]

Between the gaps of my rib bones, like awl points breaking through, small cysts not yet ripe begin to bud, one by one. The wind brushes past—erasing my entire body as it goes.

The poem *To the Fin*, written during this period, originated from the researcher's attempt to symbolically project repressed emotions. The opening line-"Submerged in water, I have yet to open my eyes"-reflects the poetic self as still immersed in the depths of the unconscious, unable to fully face herself. Emotions are sensed but not yet verbalized or formed into concrete imagery. The symbols employed remain as vague impressions of emotional undercurrents. Sensory and bodily images-such as "eyelids," "fins," "cysts," "shadow," and "rib bones"-indirectly reveal traces of wounding, but fall short of achieving emotional awareness or therapeutic transformation.

In particular, phrases like "a limping, limping shadow" and "cysts not yet ripe" suggest the incompleteness of the wounded self and an immature emotional state. However, these emotions continue to drift without being fully integrated into language, and the poetic self remains unable to recognize or unify itself.

To the Fin demonstrates the beginning of bringing repressed feelings to the surface through poetic symbolism, yet reveals that sufficient observational distance for emotional objectification and integration has not yet been attained. While the emotions are symbolized, they are not yet transformed or assimilated; thus, ego development has not yet meaningfully begun.

Ultimately, this poem illustrates a preparatory phase in which the researcher, while partially revealing repressed emotions through symbolic language, has not yet transitioned into a fully integrated process of psychological healing or individuation.

3.2. *"Cricket"* : Confronting the Inner Child and Emotional Repression

The researcher's childhood was marked by an unstable and repressed emotional state. Her father struggled with alcohol dependency, and her mother, overwhelmed by the responsibility of providing for the family, experienced extreme physical and mental exhaustion. The domestic conflicts, violent atmosphere, and isolation in the rural village deepened the researcher's emotional distress. As a result, she developed a fear of being judged by others, experienced extremely low self-esteem, and carried emotional fixation and recurring anxiety, deeply etched in her unconscious.

Within this psychological context, the poem "Cricket" was created as an attempt to symbolically reveal and verbalize the unconscious wounds that the researcher had repressed. The researcher employed the image of the cricket as a symbolic device to evoke suppressed emotions. The cricket serves as a poetic representation of the wounded self, representing the cry that emanates from the past, far off on the horizon, symbolizing a memory that refuses to fade.

Cricket

> Tonight, the cricket cries, distant as the horizon, Attempting to erase the shadow of me that lingered until yesterday. [⋯] In that moment, as the crying halts and the cricket moves into an extended silence, I find myself wanting to ask, "Why did you cry? Did crying bring you relief?"

Though the emotions remain rooted in the past, they continue to exert a significant influence on the researcher's present emotional state and awareness.

The act of erasing the shadow can be interpreted as an unconscious attempt to deny or overcome the wound. However, archetypal injuries are not easily erased; they linger. In the intersection of conflicting emotions, the researcher experienced complex emotional responses within the dissonance between external reality and inner life. At the time of writing *Cricket*, the researcher did not yet know how to articulate emotions clearly and relied on the image of crying as a metaphor for this inner frustration. The final lines-"Why did you cry? / Did it bring you relief?"-can be read as healing questions posed inwardly to the self.

For the researcher, writing poetry was not a product of deliberate thematic planning, but rather an experience in which emotions surfaced symbolically. Even without consciously setting a topic, the writing process often stirred deep layers of the unconscious, resulting in expressive symbolic imagery. The repeated images of weeping and shadow in *Cricket* signify this emergence of unconscious emotion. Ultimately, the poem became a space of self-reflection, where the researcher could listen to the inner voice, observe hidden wounds, and pose questions to emotions themselves. This process exemplifies how poetry writing functions not only as an outlet for emotional release but also as a humanistic therapeutic practice that fosters emotional regulation and self-integration.

3.3. Contemplation and Inner Acceptance: Comparing Poems of Repression and Symbolization

Around the third semester of the master's program, the researcher was still exploring the concept of the self. However, unlike earlier phases, this exploration no longer relied solely on confronting wounds head-on or releasing emotions through catharsis. In the initial stage, poetry writing was perceived as a means to vent repressed emotions-as if emotional outpouring was necessary to affirm one's identity. Over time, however, the researcher began to recognize the possibility that emotions could naturally permeate the poem without being explicitly verbalized. This signaled a shift in the way of relating to emotions, as well as a change in the inner attitude toward poetic creation.

This transformation in emotional expression can be clearly illustrated through a comparison between the poem "Pushing Away Colors" from the repression phase and the poem "Searching for the Map of Sentences" from the symbolization phase. In "Pushing Away Colors," emotional confrontation is avoided, and suppression is prominent. The poetic speaker does not express emotions but instead restrains or blocks them, choosing a kind of verbal silence.

Pushing Away Colors

Sometimes, there are days like that—
a temptation to leave the mold intact,
to preserve even the structure without erasing.
[…]
When sentences begin to flow
through disembodied bones,
I shut the door.
Conversations vanish / Time is deleted

This poem does not reveal emotions but rather blocks their very emergence, swiftly "closing the door" on them as they begin to surface. Expressions such as "the impulse to leave the form intact" and "when a sentence flows through the disjointed bones, I close the door" symbolize a state of structural repression of emotional expression. The emotions remain adrift, not yet integrated into poetic language, and the poetic self, instead of attempting to engage with these emotions, chooses to observe them from a distance.

In contrast, the poem from the symbolization phase, "Searching for the Map of a Sentence," does not suppress emotions but integrates them into the poem through metaphorical signs. Here, emotions are no longer seen as burdens to be repressed, but rather as internal landscapes to be explored and charted like a map.

Searching for the Map of a Sentence

From the pale nape of the lens,

blue paths fade away.

[…]

Confessions shatter within the haloed moonlight,

and I extract a lengthened tongue

of distant memory

In this poem, there is a clear effort to trace the origin of emotions and to concretize them through sensory symbols such as "path," "confession," and "tongue." Repressed emotions are explored and shaped into a coherent personal narrative. The line "pulls out a lengthened tongue of memory" demonstrates an active therapeutic intent to revive emotions through the language of consciousness. This aligns with Jung's concept of individuation in analytical psychology-an integrative process in which unconscious elements are brought into consciousness to unify the self.

Thus, while the poem from the repression phase depicts emotions wandering outside of language and remaining mere objects of observation, the poem from the symbolization phase portrays emotions being accepted into language and functioning as existential components that help structure the internal order of life. The progression of emotion through poetry writing can therefore be understood not simply as emotional catharsis, but as a process of meaning-making and ego reconstruction-a narrative of creative healing. This section, by comparing the qualitative differences in emotional expression between the two poems, specifically illustrates how poetry writing facilitates psychological transformation and enables self-integration.

3.4. The Narration of Emotional Symbolization and Ego Integration

During this period, poetry writing for the researcher no longer served as an act of dragging out wounds into the open, but rather became a healing practice of embracing and contemplating emotions through objects and landscapes. This shift signified the formation of a new attitude toward emotional experience-an approach that enabled the researcher to more flexibly accept the self and reestablish a sense of connection with the world.

To Fly

One taxidermied cry walks into the moonlight [⋯] The chain of a seven-year void, echoes struggling to break it [⋯] Stepping, steadily stepping into the prose

This poetic transition is most evident in To Fly. In this piece, the researcher attempts to move beyond recurring patterns of pain, observing repressed emotions with refined language and reconstructing them into a personal narrative. Expressions such as "the chain of a seven-year void" and "stepping into the prose" suggest that emotions are no longer subjects of indiscriminate outbursts but are instead viewed as elements to be acknowledged and integrated through reflection.

Over time, the researcher's emotions also shifted from external eruption to internal flow, attuned to natural rhythms. Poetry writing evolved from a practice of facing wounds to one of contemplating existence. To Fly thus becomes a representative example of how the act of writing transitioned from emotional release to narrative integration. In moments of quietly overlaying life onto the landscape while holding the pain within, the researcher no longer remained a passive victim of suffering but became an active subject who narrates and gives meaning to it. This marks a deepening of self-understanding through poetry writing and a more advanced stage of emotional healing.

3.5. Reflection on the Root of Emotion and Symbolic Reconstruction

In her final semester in 2022, the researcher came to realize that the act of writing poetry had increasingly become a process of delving into the depths of her inner self. In the earlier stages, she wrote as if to pour out emotions whenever they surged. However, during this period, her approach shifted toward a more contemplative examination of her emotions and a deliberate exploration of how they might be transformed into images and symbols. This change is vividly embodied in the poem Saetgang ("Backwater Stream").

Saetgang(Backwater Stream)

Footsteps, blooming and fading, drift away like a spell at dusk.
A lone mountain bird circles, carrying the cry of a long, long time.
Whenever fragile constellations collapse and vanish, […]
the back side of the backwater is always blank.
Between the slow-moving, square-shaped hours,
a shadow is buried.
Toward the place that scatters like a dream,
a rupture stains red.
The cry becomes an island,
and the sound flowing down the bones dissolves away.[50]

---

[50] M. Kim, *Collection of Winning Works from the 11th Kusang Hangang Writing*

The poem *Saetgang* represents the researcher's symbolic summoning and poetic reconstruction of the long-entangled presence of "mother" in her inner world. For the researcher, the mother was a complex figure-simultaneously near and distant, love and wound, at times identical with the self and at other times perceived as an alien other.

Rather than exposing these intricate emotions directly, the researcher increasingly attempted to reconstruct and contemplate them through symbolic and metaphorical language in her poetry. During this period, she persistently worked to dissolve the boundaries between self and other, using poetic form as a means of healing inner wounds.

From the perspective of humanities therapy, this shift in poetic creation carries significant meaning. Poetry writing, for the researcher, transcended mere emotional expression to become a therapeutic practice that interprets internal conflict and reconstructs it as a personal narrative.

While composing *Saetgang*, the researcher moved beyond simply stating "I am in pain" to reflect on the origin of that pain and its

---

Contest(Second Prize Winner), Yeongdeungpo District and Kusang Memorial Society, 2022., pp.35-36.

meaning within her life. Rather than remaining at the surface of emotional expression, she approached the roots of her feelings through symbols and metaphors, engaging in a process of self-healing through poetic language.

For the researcher, poetry writing became not just a channel for venting emotions, but a reflective act of retrieving stagnant emotions, examining them closely, and transforming them into the language of life. By the fourth semester of her master's program, her poetry began to embody a more tender and embracing stance toward her wounds, rather than pushing them away. *Saetgang* stands as the first record of her attempt to draw closer to herself. This shift marked the true beginning of her poetry writing, and served as a pivotal moment in her journey of inner healing.

3.6. Exploring the Roots of Emotion and Expanding Self-Understanding

In this phase, inner reconciliation facilitated by humanities therapy courses played a significant role. In particular, the researcher's emotional reconciliation with her mother enabled her to confront previously repressed feelings with greater clarity and to recognize her own voice more distinctly. The relationship with her mother had been a complex and multilayered source of emotion. The act of reconstructing and closely examining these emotions through poetry became a critical opportunity for self-reflection and personal insight.

At Anmok Port with a Cappuccino, 1

A carpet of foam settles on the black waves.
Beneath the foam, the sun draws pictures along dream-paths,
and the sunset returns to life as memory.
An afternoon translated in a blue cup—
a face that has never wept blooms like a flower petal.[51]

At Anmok Port with a Cappuccino, 2

Here, I once bit deeply into a sentence
that flowed inside a blue cup.
You told me—
that even if I were a blade of grass
laid down by the wind and slow to rise, it would still be okay.
That even if I reached into pain,
I could perch like a bird and take flight again.
Within the black footprints,

---

51 M. Kim, "*Cappuccino at Anmok Port 1*", Gangneung Literature, no.12, Gangneung Writers' Association, 2022. p.75.

I was searching for the petals of my soul.[52]

The poems written during this period reflect traces of emotion, wounding, and healing. *At Anmok Port with a Cappuccino* moves beyond the mere expression of pain, delving into the origin of suffering and revealing a deeper reflection on the psychological structures in which emotions repeatedly surface.

Whereas the researcher's earlier works were largely driven by the need to release emotion, her writing at this stage began to explore why such feelings arose and what meaning they held in the context of her life. This shift marks a transition from simple self-expression to deeper self-awareness and ego expansion.

Furthermore, this transformation influenced her relationship with others. In the past, pain often led to defensiveness or rejection of others, but now she was gradually learning to embrace others with gentleness and to recognize the potential for growth through pain.

Such psychological expansion aligns with Jung's analytical psychology, particularly the process of making unconscious contents conscious and moving toward integration of the Self. For the researcher, poetry writing became more than emotional release—it evolved into

---

52 Loc.cit.

a means of exploring the root of her emotions and deepening her understanding of her own being.

According to C. G. Jung, individuation is a psychological growth process in which the ego is integrated with various aspects of the unconscious-such as the shadow, anima/animus, and the Self-to achieve a sense of wholeness and the realization of the true self. This is not merely a strengthening of the ego, but an existential journey of confronting and integrating repressed elements of the unconscious into a broader self. The researcher's process of writing poetry can be interpreted as a concrete practice of individuation, in which emotions and wounds from the unconscious are symbolically expressed through language and repeatedly reflected upon to achieve ego integration.

The researcher's previously published poems also received evaluations during the review process noting that "a clear sense of critical awareness and poetic suggestion were naturally integrated with regional identity"[53]

This supports the notion that autobiographical poetry can transcend personal emotion and expand into social and symbolic dimensions. Therefore, in this study, the interpretation of poems is not con-

---

53 H.-Y. Park, "The Discovery of 'Gangneung' with Identity", *Gangneung Literature*, no.12, Gangneung Writers Association, 2022, pp.62-63.

fined to the researcher's emotional expression alone, but is grounded in the concept of emotional symbolization from poetry therapy theory and supported by external critical evaluations, in order to ensure both interpretive validity and broader applicability.

3.7. Poetic Transition Toward Emotional Acceptance and Existential Integration

During this period, the researcher sought to explore her existence and regulate her emotions through poetry. Whereas earlier writings focused on expressing pain through emotional outbursts, the researcher gradually turned toward examining the origins of her feelings and reflecting on their significance within her life narrative. Poems written during this time — such as *Singing to the Stars at Anbandegi, Gyeongpo Lake,* and *The Three-Storied Stone Pagoda at Sinboksaji Temple* — do not treat nature merely as a background, but rather as a mirror that reflects her inner world.[54] Nature became a medium through which experiences of loss, silence, and existential questioning were metaphorically expressed. In harmony with the natural landscape, her emotions were

---

54 M. Kim, "Singing to the Stars at Anbandegi", *Gangneung Literature*, no.12, Gangneung Writers' Association, 2022, p.79; "Gyeongpo Lake", *ibid.*, p.77; "The Three-Storied Stone Pagoda at Sinboksaji Temple", *ibid.*, p.78.(All three works received the Gangneung Literary Writers' Award.)

reconstructed and gradually healed.

No longer relying solely on raw cries, the researcher began to investigate the reasons behind such emotional responses and translate them into poetic language. Through this process of confronting and symbolizing her emotions, poetry writing evolved from a means of emotional catharsis into a deeper practice of understanding and integrating the self.

> ***The Three-Storied Stone Pagoda at Sinboksaji Temple***
>
> Carrying a lifetime, I walked out onto the faint and distant road.
> […]
> Beneath the sunlight, I inscribe, one by one, the long breath of history that is slowly revealed.[55]

During this stage, the researcher's poetry embodied an integration of emotional acceptance, understanding of wounds, and ontological reflection. Poetry evolved beyond a medium for emotional catharsis, becoming a practice through which pain was understood, emotions were regulated, and existence was embraced. This shift was not an

---

55 M. Kim, "Three-Story Stone Pagoda of the Sinbok Temple Site", *Gangneung Literature*, no.12, Gangneung Writers' Association, 2022, p.78.

endpoint of healing, but rather a sign of maturity and expansion.

For the researcher, writing poetry transcended mere expression. It became an ontological act of integrating emotions and identity, structuring inner fragments, and discovering meaning in life. Through the journey of humanities therapy, the researcher came to understand that poetry serves both as a sanctuary for emotion and as a mirror of existence. She found language for her wounds and deepened her self-understanding by embracing them.

Ultimately, poetry became a compass for life and a new form of identity for the researcher. This process aligns with the goals of humanities therapy, which seeks psychological, emotional, and social integration. Throughout her master's program, the researcher confronted inner wounds through poetry, gave shape to her emotions, restructured her relationships, and reflected on her existence, thereby achieving gradual and cumulative healing.

In the end, poetry became the language through which the researcher lives. It became her grounding force. Through poetry, she reclaimed her voice, found the strength to express emotion, and gently tended to her wounds. Now, she recognizes that her poems can resonate with others-that their echoes may reach farther than she had once imagined.

This process of writing poetry brought about concrete changes in the researcher's daily life. Rather than immediately expressing emotions impulsively, the researcher developed a habit of organizing emotions into language before conveying them. There was also an increased sensitivity to the emotions of others. In interpersonal relationships, the researcher came to believe that conversations need not end in disconnection but could instead lead to understanding and reinterpretation. As a result, there was a noticeable shift from being trapped in one's own emotions toward a more active effort to share and communicate with others

IV. Conclusion

This study examined the inner healing process that unfolds through poetry writing, focusing on the autobiographical creation of poems as a means of symbolizing unconscious emotions and wounds through language. Drawing on Jungian analytical psychology and employing a self-narrative qualitative research methodology, the study explored the humanistic and therapeutic efficacy of poetic expression.

Poetry writing, as a creative act of symbolizing repressed emotions and unresolved memories, facilitates the process of making the unconscious conscious. Through language, the writer externalizes and gains insight into the inner world. Particularly for those whose ego has been suppressed due to identification structures, poetry provides a space for deconstruction and reconstruction of the self-an experiential pathway toward individuation as conceptualized by Jung. The poetic space offers a safe emotional distance for the writer to reinterpret their experiences, creating an affective zone for healing.

Over the course of four semesters in a graduate humanities therapy program, the researcher experienced progressive internal change through poetry writing. In the early phase, feelings of helplessness, self-blame, and anxiety were expressed through vivid imagery. In the middle phase, poems explored family archetypes and the roots of identity formation. In the later phase, the work reflected an integrative healing process through harmony with nature and a contemplative perspective. This trajectory confirmed that poetry writing not only serves as a means of emotional release but also fosters self-awareness, a sense of efficacy, and relational restoration.

First, poetry writing enabled ego differentiation and the recovery of identity. Through symbolic deconstruction of the unconscious identification with the mother figure, the researcher reclaimed a previously repressed voice and gained clearer recognition of their existence. This process of verbalizing emotion functioned as an act of ego integration closely aligned with Jung's theory of individuation.

Second, poetry writing acted as a practical tool for emotional regulation and the restoration of self-efficacy. Through the repeated process of verbalizing suppressed emotions, the writer developed a greater sense of control over emotional states, which led to attitudinal changes and improved social relationships. This demonstrates the therapeutic potential of literary expression within a humanities-based healing framework.

Third, poetry writing embodies the core principles of humanities therapy-emotional awareness, self-reflection, and the construction of meaning. Autobiographical poetry allowed for the re-narration of past wounds, the integration of inner conflicts, and the reinterpretation of existence in a more affirmative light. These findings provide theoretical validation and practical evidence for the application of poetry writing as an effective intervention tool in literary therapy, expressive arts therapy, and broader humanistic therapeutic contexts.

In conclusion, poetry writing functions as a humanistic therapeutic practice that fosters the restoration of the fragmented self, the integration of emotion, and the expansion of relational connection. This study demonstrates that poetry writing offers a meaningful methodology for self-expression and healing through deep self-understanding and reflection. Future development of healing programs based on poetic creation, along with broader application across diverse populations, will further expand the therapeutic scope of poetry within the field of humanities therapy.

As this study is an autobiographical qualitative case study based on the researcher's own experience of writing poetry, it has inherent limitations in terms of generalizability. The involvement of the researcher's subjective interpretation also imposes constraints on objective verification. Nevertheless, such self-reflective cases are meaningful in that they offer a concrete view of the actual process of emotional verbalization and ego integration through poetry writing. Future research may expand the implications of this study through group-based case studies or comparative studies involving participants of diverse ages and backgrounds.

References

(1) Books

Goldberg, N., *Writing Down the Bones*, Trans. by J.-W. Kwon, Seoul: Hanmunhwa, 2003.

Kangwon National University Institute for the Humanities, *Humanities Therapy*, Gangwon: Kangwon National University Press, 2009.

Kim, M., "Forest Between the Lines", *Collection of Winning Works from the 39th Dalgubeol Writing Contest*(Second Prize Winner), Daegu: Daegu Literary Association, 2020.

Kwon, S.-H., *The Theory and Practice of Poetry Therapy*, Seoul: Sigma Press, 2011.

Lee, B.-Y., *Analytical Psychology*(3rd ed.), Seoul: Iljogak, 2021.

Lee, M.-Y, *Storytelling Therapy*, Seoul: Hakjisa, 2017.

Mazza, N., *Poetry Therapy: Theory and Practice*, Trans. by H. Kim, Seoul: Hakjisa, 2005.

Nordby V. and Calvin Hall, *A Primer of Jungian Psychology*, Trans. by Lee, H.-S., Seoul: Smart Book Publishing, 2015.

Park, H.-Y., "The Discovery of 'Gangneung' with Identity", *Gangneung Literature*, no.12, Gangneung Writers' Association, 2022.

Peck, M. S., *The Road Less Traveled*, Trans. by J.-S. Lee, Seoul: Ulysses, 2011.

Pennebaker, J. W. and Evans, J. F., *Expressive Writing: Writing for Healing*, Trans. by B.-H. Lee, Seoul: Xbooks, 2017.

Sell, C., *The Wounds That Won't Heal*, Trans. by D.-S. Jeong and M.-H. Choi, Seoul: Duranno Publishing, 1992.

Seo, K.-S., *The Theory and Practice of Poetry Therapy Based on Analytical Psychology*, Seoul: Handul Publishing, 2012.

Yeongdeungpo-gu and The Koo Sang Memorial Foundation, *The 11th Koo Sang Hangang Literary Contest Winning Works Collection*, 2022.

Yoo, G.-S., *Humanities Therapy and Poetry: How Poetry Heals the Mind*, Chuncheon: Sanchaek Publishing, 2017, pp.14~30.

(2) Journal articles

Editorial Board of Unification Humanities, "The Influence of Literary Imagination through Modern Poetry Reading on Self-Efficacy", *Unification Humanities* 80, 2019, p.224.

Institute of Humanities, Kangwon National University, *Theories and Principles of Humanities Therapy*, Chuncheon: Sanchaek Publishing, 2011.

Institute of Humanities, Kangwon National University, *Understanding Humanities Therapy*, Seoul: Hankookmunhwasa, 2017.

Jeong, H.-K., "A Study on the Effect of Poetry Writing", *Korean Literature Studies* 84, 2023, p.480.

Jeong, K.-C., "Writing for Relationship and Self-Growth: Forgiveness", *Korean Literary Creation* 22(1), 2023, pp.164-167.

Jung, C. G., *Man and His Symbols*, Trans. by B. Y. Lee, Seoul: Jipmoondang, 1984, pp.163-237.

Jung, C. G., *Shadow: The Dark Fantasy Within Our Minds*, Paju: Hangilsa, 2002, pp.71-85.

Kim, A.-Y., Cha, J.-E., Lee, D.-S., Lim, I.-H., Tak, H.-Y. and Song, Y.-A., "The Effect of Parental Autonomy Support on Elementary School Students' Self-Regulated Learning Efficacy: The Mediating Role of Self-Determination Motivation", *The Journal of Korean Education* 35(4), 2008, pp.3-24.

Kim, H.-J., et al., "The Effect of Self-Efficacy, Interpersonal Skills, and Emotional Expression Inability on Initial Perception of Others", *Korean Journal of Counseling* 20(1), 2012, pp.1-20.

Kim, M., *Collection of Winning Works from the 11th Kusang Hangang Writing Contest*(Second Prize Winner), Yeongdeungpo District and Kusang Memorial Society, 2022, pp.35-36.

Kim, S.-W., "The Therapeutic Effect of Poetry Writing: The Case of Supervielle", *Journal of Literary Therapy* 44, 2017, pp.98-106.

Lee, I.-J., "A Study on Human Needs and Behavior through the Understanding of Self-Efficacy", *Management Education Research* 55, 2009, pp.221-247.

Lee, O.-Y. and Jin, E.-Y., "A Study on the Value of Poetry Writing Experience in Literary Counseling Group Programs", *Art Education Research* 19(2), 2024, pp.63-101.

Lee, S.-H., "Writing a Self-Portrait Using Pictures and Poetry", *International Literary Studies* 90, 2021, pp.581-604.

Unified Humanities Editorial Committee, "The Influence of Literary Imagination through Reading Modern Poetry on Self-Efficacy", *Unified Humanities*, 2019.